なぜ、スーツは2着目半額の
ほうがお店は儲かるのか？

定价即经营

[日] 千贺秀信 ◎著

朴丽华 ◎译

机械工业出版社
China Machine Press

图书在版编目（CIP）数据

定价即经营 /（日）千贺秀信著；朴丽华译. -- 北京：机械工业出版社，2022.1
ISBN 978-7-111-69514-1

Ⅰ. ①定… Ⅱ. ①千… ②朴… Ⅲ. ①企业定价 - 研究 Ⅳ. ① F274

中国版本图书馆 CIP 数据核字（2021）第 221496 号

本书版权登记号：图字 01-2021-3041

NAZE, SUIT WA NICHAKUME HANGAKU NO HO GA OMISE WA MOKARU NO KA?
BY HIDENOBU SENGA
Copyright © 2015 HIDENOBU SENGA
Original Japanese edition published by SB Creative Corp.
All rights reserved.
Chinese (in Simplified character only) translation copyright © 2022 by China Machine Press/Beijing Huazhang Graphics & Information Co., Ltd.
Chinese (in simplified character only) translation rights arranged with SB Creative Corp., Tokyo through BARDON CHINESE CREATIVE AGENCY LIMITED, Taipei.This edition is authorized for sale in the People's Republic of China only, excluding Hong Kong, Macao SAR and Taiwan.
No part of this book may be reproduced or transmitted in any form or by any means, electronic or mechanical, including photocopying, recording or any information storage and retrieval system, without permission, in writing, from the publisher.

本书中文简体字版由 SB Creative Corp 通过 Bardon-Chinese Media Agency 授权机械工业出版社在中华人民共和国境内（不包括香港、澳门特别行政区及台湾地区）独家出版发行。未经出版者书面许可，不得以任何方式抄袭、复制或节录本书中的任何部分。

定价即经营

出版发行：	机械工业出版社（北京市西城区百万庄大街 22 号　邮政编码：100037）
责任编辑：	孟宪勐
责任校对：	马荣敏
印　　刷：	北京诚信伟业印刷有限公司
版　　次：	2022 年 1 月第 1 版第 1 次印刷
开　　本：	147mm×210mm　1/32
印　　张：	6.75
书　　号：	ISBN 978-7-111-69514-1
定　　价：	59.00 元

客服电话：（010）88361066　88379833　68326294　　投稿热线：（010）88379007
华章网站：www.hzbook.com　　　　　　　　　　　　　读者信箱：hzjg@hzbook.com

版权所有·侵权必究
封底无防伪标均为盗版　　本书法律顾问：北京大成律师事务所　韩光 / 邹晓东

前言

你在购物时根据什么来做出购买决定呢?商品的价值、设计、价格……有很多要素,对吗?

当看到"全场大减价""第二套半价""提前一个月预订可享半价优惠"等宣传广告时,有人会为之心动吧?

能买到物美价廉的商品,对消费者来说是一件开心的事情。

但是,对店铺来说如何呢?

是不是会怀疑卖这么便宜赚不到钱?

相反,有些商品会让人觉得"尽管很贵,但很想买"。

细想一下,关于价格有很多不可思议的事情。比如,在超市售价为100日元的酸奶在便利店售价为150日元;街上自动售货机售价为120~130日元的茶水,在山林景区会卖到200日元。

这些价格的背后是有战略的。或者说,看到价格,就能看出战略。比如,"便宜也能赚钱的战略""昂贵却能畅销的战略"。

解谜的关键在于"边际利润"。详细内容将在本书中说明,重点关注"(附加)价值"与"价格"之间的平衡。

这是战略与会计之间的关系，我把能理解这种关系的能力称为"计数感觉"。

明白了这一点，你才能够从"不赚钱的战略"中走出来。

在《稻盛和夫的实学：经营与会计》中，稻盛和夫指出"不懂会计怎么经营"。他还强调"定价即经营"。因为"价格"对商业而言是非常重要的因素。

本书会列举一些身边的价格问题，同时介绍"经营战略、市场营销战略、商业模式"与"会计"的关系。希望读完本书之后，你的商业感觉（赚钱的感觉）能有所提升。

目录

前言

序章 / 1

如何制定价格

薄利多销的"啤酒"为什么能赚钱

价格由三个因素决定：成本意识、需求意识、竞争意识 / 2

第 1 章 / 13

战略发生变化，价格也随之变化

大塚家具 vs.NITORI

战略的差异左右价格 / 14

便利店和小型超市"My Basket"的战略哪里不一样 / 16

洞察经营战略与价格关系的诀窍：价格高却畅销的雷克萨斯、
　　价格低却赚钱的折扣商店 / 23

大塚家具和 NITORI 的赚钱方式有何不同 / 33

第 2 章 / 39

为什么星巴克不降价

彻底贯彻品牌战略

为什么高级酒店的咖啡即使超过 1000 日元也不会令人感到昂贵 / 40

为什么星巴克不降价 / 49

受家电量贩店排挤的街头电器店的生存之道 / 58

昂贵却依然畅销的法拉利的秘诀 / 76

第 3 章 / 85

激发顾客购买欲的价格战略

"第二套半价"的心理作用和利润的关系

"买两套西装，第二套半价"能赚钱吗 / 86

根据顾客心理制定价格进而提升销售额的方法 / 98

廉价而赚钱的 PB 商品的结构 / 108

现金折扣和积分返还，哪个更划算 / 121

第 4 章 / 125

价格竞争背后的赚钱方法

建立竞争优势的"自助式乌冬面店"的经营策略

饭团是自助式乌冬面店提升利润的关键 / 126

为什么 EDLP 能获得利润 / 140

靠大量生产来降低成本真的能赚钱吗：量产效果的光与影 / 150

高级法式大餐仅售 1/3 的价格为什么还能赚钱 / 164

第 5 章 / 175

知道就是赚到的定价技巧

锻炼计数感觉

"提前付款折扣"为什么能赚钱 / 176
黄金周住宿费上涨的真正理由 / 181
你的工资真的和付出的劳动相符吗 / 186
股价是如何决定的 / 192

作者简介 / 207

序章

如何制定价格

薄利多销的『啤酒』为什么能赚钱

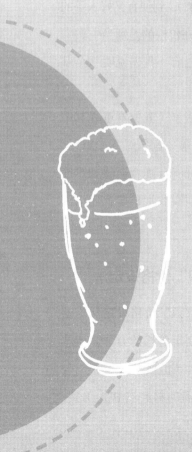

价格由三个因素决定：
成本意识、需求意识、竞争意识

本书将特别关注大家身边的"价格"，由此展开战略与会计的话题。

单说啤酒，就有各种各样的价格。从普通的啤酒、高端的顶级啤酒、手工啤酒（本地啤酒），到便宜又好入手的其他啤酒……所有的战略，都隐藏在价格的差别当中。

在通过举例介绍价格和战略之前，我先说明一个基本内容：价格是如何制定的。

在制定价格时，要考虑三个因素（至少要重视其中的一个）。这三个因素是成本、需求、竞争。

让我们分别举例来看一下。可能有读者会感到难度突然增加了，但是这一点对产出利润非常重要，还请继续阅读。

什么是公司决定的"成本意识"价格设定法

首先，我们来看一下"成本意识"价格设定法。这是在制定价格时，以成本为标准制定价格的方法。成本加上毛利润为价格（成本＋毛利润＝价格）。

所谓成本，是制造产品所必需的材料费和人工费、销售产品所必需的销售费用[一]，以及制造产品后为了促销而花费的各种费用的总称。

成本当中，在工厂发生的成本叫作生产成本。生产成本是对所有产品成本进行归集，这个过程称为成本计算，由材料费、劳务费（工厂的人工费）、制造费（水、电、取暖费，折旧费，外协加工费等）构成（见图0-1）。

在制造业领域，（制造商）先计算已完成制造的产品的生产成本，再加上毛利润，以此来制定价格。

用这种思路来制定价格的方法，叫作"成本加成定价法"，即生产成本＋销售费用＋一般管理费用＋销售总利润＝价格，对于懂一点会计的人来说，也许这样比较容易理解。生产成本和销售费用的合计费用叫作总成本。

此外，在会计学上，产品被销售之后，生产成本标记为销售成本。于是，销售额（＝价格）－销售成本＝销售总利润。这样就能理解销售额减去成本即利润。销售总利润一般称为毛利润。

零售业和批发业等流通业领域不需要生产成本，用进货价格加上毛利润来制定价格。这种方法叫作加价定价法。

[一] 销售产品过程中发生的各种费用。——译者注

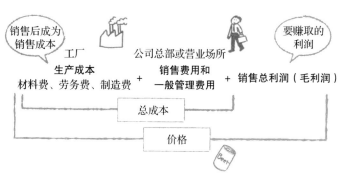

销售额−销售成本=销售总利润（毛利润）

总结如下

销售额−销售成本=销售总利润（毛利润）

图 0-1　成本与价格的关系

①有时简称为开销。

啤酒的价格是如何确定的

1. 思考一下罐装啤酒的生产成本

罐装啤酒（350ml）的价格结构大致可以推算如下（见图0-2）。

根据成本加成定价法，生产成本43日元加酒税77日元合计120日元，再加上毛利润40日元，出厂价格（批发价格）就可以定为160日元。

很多制造厂商会进行生产成本的计算（成本计算），在此基础上制定价格。

2. 超市的零售价格使用"加价定价法"

下面来看一下超市等零售商是如何制定价格的。

当零售商从批发商手中以168日元（批发商的进货价格160日元加批发商的毛利润8日元）的价格进货时，零售商需要考虑本公司的预定毛利率（满足本公司所需毛利润的毛利率）来决定销售价格。在流通业，把预定毛利率称为值入率（加价率）。如果将预定毛利率定为16%，销售价格就为200〔=168÷（1-16%）〕日元。这种价格设定法，就是加价定价法。

定价即经营

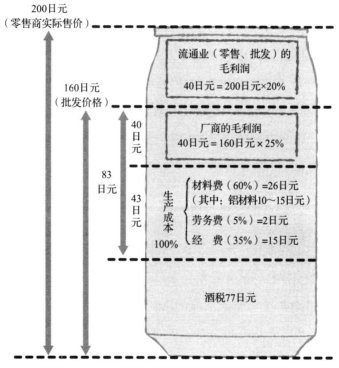

图 0-2 350ml 罐装啤酒的价格结构（作者推算）

为什么啤酒厂商推出发泡酒:从成本结构看到的问题

如果能够看懂如图 0-2 所示的成本构造,你就会知道啤酒价格的逾 1/3 是酒税。

你是否会有"原来喝啤酒交了这么多税""如果酒税下调的话,啤酒会变得更便宜吧"这类想法。

众所周知,啤酒厂商除了生产啤酒之外,还开发了酒税低廉的发泡酒、第三类啤酒(其他类型的酿造酒等)来迎合顾客的低价需求。但是,在啤酒业的份额争夺中,价格竞争非常激烈。

由此也能看出流通业(批发商或零售商)的问题。批发商和零售商的流通毛利润一共是 40 日元,批发商获得 8 日元,零售商获得 32 日元,可见获利甚微。在网络上销售时,每罐啤酒不足 200 日元,那么预先设定的毛利润 40 日元在此就会变成一纸空头支票。很明显,如果只销售啤酒将无法继续经营。那么流通业如何确保毛利润呢?

解决这个问题的线索,在于下面要介绍的依据需求意识的价格设定。

黄金周期间酒店的住宿费涨到多少能让顾客接受：依据顾客的情况制定价格——"需求意识"的价格设定

"需求意识"的价格设定，是指以购买欲（需求）和消费者意愿的强弱为标准来制定价格。

1. 依据购买欲（需求）的强弱来制定价格的事例

岁末年初或黄金周期间，地处著名旅游景点的日式旅馆的住宿费非常高。这是依据需求进行的价格调整，这一点想必大家都能理解。需求增加时，就算住宿费上涨，预约的顾客仍接连不断。平常人均15 000日元即可入住的日式旅馆，在旺季价格涨到30 000日元，翻了一番。这种价格涨幅，站在消费者的立场实在难以理解。如此成倍上涨的住宿费，是如何确定的呢？请看本书第5章的详细说明。

虽然无须对顾客说明高昂的住宿费背后有关价格设定的事情，但是日式旅馆的专业人士需要为顾客提供带有惊喜的服务，以此来掩饰高昂的价格。敷衍了事的话，会让顾客觉得旅馆只顾自己的利益，这对今后继续吸引顾客不会有什么好处。尽力推出一些诸如"提供特色菜肴""赠送独具特色的土特产""提供精彩的演出"

等差异化服务也是很有必要的。

如果要进行这些特别的企划活动,就需要计算盈亏平衡点。关于盈亏平衡点,将在本书的其他地方另外举例说明,简而言之就是"在此之上增加成本就会出现赤字""为了得到利润,需要确定价格为多少",也就是产出利益的分界点。这不限于价格设定,对想要在工作上产出效益的人来说都是非常必要的会计知识。

在市场营销领域,这种价格设定法被称为需求差异定价法。

这是依据顾客、场所、时期、时间等需求特性的差异,给相同商品和服务设定多种价格的定价方法。

以顾客类别为例,有些饭店和电影院等推出"星期三女性享有优惠"的服务。

以场所为例,演唱会的票价根据席位(S席、A席)的不同而不同。就时期而言,除了前面列举的旺季日式旅馆的住宿费上涨之外,还有提前预约可以享受优惠等。而时间上,深夜福利、早餐优惠等就是这类例子。

如果是啤酒的话会怎样呢?即使原料相同,如果是当场制作的啤酒,就算价格高一些,也会有人前来购买。

2. 对于富裕阶层，是否贵一点也没问题：依据顾客的财务情况制定价格的事例

有一种定价方法是以预想的顾客能够接受的商品和服务价格为标准制定价格。

在市场营销领域，这种方法被称为认知价值定价法。例如，在开发新款汽车时，首先设定目标顾客，然后通过市场调查等推测目标顾客能够接受的价格区间。如果设定为300万日元，厂商要实现30%的目标毛利润，就要将生产成本降至210［=300×(1-30%)］万日元以下才能进行产品开发。这种通过确定生产成本来定价的方法叫作目标成本定价法。

正如啤酒中的"PREMIUM"⊖。在努力工作之后，想犒劳自己时，人们会舍得为自己买点奢侈的顶级啤酒。

汽油为什么会同城同价：关注竞争公司制定的价格，"竞争意识"的价格设定

还有一种以竞争公司的价格为标准制定价格的方法。其目的是向竞争公司发起价格竞争以获得顾客，有

⊖ "PREMIUM"在这里指顶级啤酒。——译者注

时是为了躲避竞争。

1. 以竞争公司的价格为标准，使价格低于对方的定价方法

以竞争公司的价格为标准，使价格低于对方的定价方法叫作市场价格追随法。

在竞争激烈的家电量贩店、食品超市、药妆店等，以及在大宗商品交易领域，其商品和服务与其他公司没有差异，薄利多销会引起激烈的价格竞争。在竞争中获胜的最后手段是，通过进行低价竞争，来扩大市场份额。这也是众所周知的价格设定法。

2. 以业界平均价格为准，制定价格的方法

以业界平均价格为准，制定价格的方法叫作随行就市法。当商品和服务很难进行差异化，以及力求避免同行之间竞争时，使用这种方法。

通常，汽油在各地区标注的价格是一样的，因为很多消费者认为在哪个加油站购买都是一样的。

汽油的毛利率不到10%。设定油价为140日元/升，毛利润为10~14日元。以这个毛利润计算，如果为了获得顾客而降价，且降得比附近的加油站便宜很多，就很难产生利润。因此，加油站要尽可能避免低价竞争。

3. 通过拍卖制定价格的方法

通过拍卖制定价格的方法称为竞标定价法。买方设定一定的购入价格（预定价格），当众多卖方出示的价格低于预定价格时，从出示最低价格的卖方手中购买。从众多卖方当中选定签约对象时使用这种方法。一般竞标就是如此。

相反，也有卖方在众多买方当中选定经销商的情况。这时，会出售给出价最高的买方。这也是网络竞拍的方式。二手车经销商之间几乎每天都在进行竞拍。

另外，此处列举了零售业和制造业的例子，而对于服务业，因商业内容不同而存在差异，所以不能一概而论。

对软件制造企业而言，有的使用成本加价定价法，有的通过竞争价格定价。游乐场可能会先计算盈亏平衡点，再设定门票的价格（目标销售额÷预计入场人数）。

第1章

战略发生变化，价格也随之变化

大塚家具 vs. NITORI[一]

[一] 大塚家具是日本顶级品牌的家具供应商。NITORI 是日本最大的家居连锁店。——译者注

战略的差异左右价格

这部分介绍一下本书涉及的"战略"。

本书所谈战略,包含两个意思:经营战略和市场营销战略。如果不能区分二者,就无法深入理解经营的内容。为了让大家掌握区分的要领,我举例进行说明。这些观点在阅读报纸和商业杂志时也有非常重要的参考价值。

理解经营战略和市场营销战略的区别

如图 1-1 所示,大家可以明白经营战略(战略定位)与市场营销战略的关系。

经营战略是指公司通过明确发展方向而做出的决定。

市场营销战略是指在经营战略的基础上,如何销售商品和服务。如果经营战略不明确,那么市场营销战略则无法有效运行。

在经营战略中,发展方向分为三个要素:顾客、需求、独立能力。这是战略定位。在什么样的赛场上进行角逐,由这三个要素决定。

第 1 章 战略发生变化，价格也随之变化

经营战略
（如何定位发展方向）

- 需求（WHAT）
- 外部环境分析
- 内部环境分析
- 顾客（WHO）
- 战略定位 发展方向 事业领域
- 独立能力（HOW）

市场营销战略（如何销售）

市场细分化　⇒　目标明确化

Price（价格）
Product（产品或服务）
Promotion（促销）
Place（渠道）
　　　　　　　　　4P

图 1-1　经营战略与市场营销战略的关系

市场营销战略，一般分为四个要素：价格（price）、产品或服务（product）、促销（promotion）、渠道（place）。即原本是为制造业的市场营销而产生的，但逐渐被广泛应用于批发业、零售业、服务业等多个领域。因为市场营销战略需要综合考虑四个要素，所以也被称作市场营销组合（marketing mix）。

图1-2展示的是不同行业的市场营销组合（4P）。在了解各行业的市场营销战略时，作为重点关注的部分，本书对其名称进行了相应的调整，大家用4P进行思考时可作为参考。现在，请大家试想一个独创的4P。

便利店和小型超市"My Basket"[注]的战略哪里不一样

以便利性为卖点的便利店的战略

我们来看一下便利店的战略。请大家在阅读以下内容时，关注经营战略和市场营销战略的不同。

[注] "My Basket"是日本永旺集团推出的小型生鲜超市。——译者注

	price	product	promotion	place
制造业	价格	产品	促销	渠道
批发业	价格	商品的种类齐全	零售支持	物流系统 信息系统
零售业	价格	商品的种类齐全	销售员 服务 广告	店铺设备 地理位置 陈列方式 营业时间
服务业	价格	提供服务	待客人员（联系人）	服务的过程

图 1-2　不同行业市场营销组合

便利店是以城市为中心，抓住小商圈的购物需求而发展起来的。其战略定位是为附近的消费者（顾客）提供随时可以就近购物的便利（需求），能够长时间营业的小型商店（独立能力）。

为了实现这个战略定位，要决定出售什么样的商品、如何销售。这就是市场营销战略。出售的商品有盒饭、面包、家常菜、饮料、点心、杂志、日用品等便于就近购买的产品（product）。因为以便利性为卖点，所以便利店的商品不打折且价格偏高（price）。筛选出3000种畅销商品（product），而且强调容易挑选（promotion）。24小时营业确保了满足小商圈的需求，并采用自助购物方式（promotion）。店铺面积为100～150m^2，通过在区域内集中开店的方式，大大提高了向店铺配送商品的效率（增加配送的次数，同时降低配送成本）(place)。

配送效率的提高，能使库存得以及时补充。这样可以防止断货，为提升销售额做出贡献，最终能够增加利润（这种思考能力称为计数感觉）。

便利店所追求的便利性，是在成长的过程中发展起来的。正如大家所知道的，便利店增加了快递收发业务、设置ATM（自动取款机）、售票等服务项目（product），并逐渐发展壮大。

结合图 1-1 来看一下，为附近的消费者（顾客）提供便利（需求）、长时间营业的小商店（独立能力），这些是经营战略。图 1-1 下半部分的内容（4P）就是市场营销战略。

都市型小型超市"My Basket"的战略

针对这些便利店，出现了一个以全新战略定位进入便利店市场的新业态。这就是都市型小型超市。永旺集团^㊀推出的"My Basket"就是其代表。

都市型小型超市诞生的背景中包含老龄化因素（外部环境的变化）。独自生活的老人以及家中只有老龄夫妇的家庭（顾客）与日俱增，另外，职业女性（顾客）不断增加，越来越多的人希望能够便捷地购买到物美价廉的蔬菜（需求），这就催生了都市型小型超市这一新业态（经营战略）。

"My Basket"以超市周边步行五分钟距离内的顾客为销售对象来构建市场营销战略（见图 1-3）。商品基本上集中于食品（product），面积与便利店相同，以销售生鲜三品（肉、蔬菜、鱼）为主。充分利用永旺集团的供应能力（product 和 place），将商品价格下调至超市的同等价位（price）。此外强化"特惠优"（永旺集团的 PB 商品^㊁：

㊀ 永旺集团（AEON）是日本著名零售集团公司，为日本及亚洲最大的百货零售企业之一。——译者注

㊁ PB 商品指自有品牌商品或中间商品牌商品。——译者注

	便利店		My Basket
product	・就近购买的日用品 ・锁定畅销商品 ・强化服务项目	product	・以销售生鲜三品为主 ・"特惠优"（永旺集团的PB商品）
price	・略高	price	・与超市等价的优惠价格
promotion	・容易选购的自助式销售	promotion	・步行五分钟距离内的超市服务
place	・选址开店 ・注重人流量	place	・选址开店 ・人流量不重要

图 1-3　便利店与 My Basket 的市场营销战略

product)，用低廉的价格与便利店竞争（关于 PB 商品为什么低价出售却能产生利润，将在第 3 章介绍）。

由于地处步行五分钟距离内的商圈（product），就算没有停车场也可以开店（place），不像便利店那样需要选择人流量较大的场所。

从会计层面（计数感觉）来考虑，由于店铺很小，而且可以不位于繁华地段，开店的初期费用仅是便利店的六成，加之房租等运营成本（销售费用和一般管理费用）相对低，这些都成为都市型小型超市的优势。充分利用集团的供应能力，同时把 PB 商品纳入销售的商品当中，这样即使价格低廉，也能够提高销售营业利润率（销售额中营业利润的比例，即获得利润的比例）。

使用与经营战略不符的价格战略，导致失败的居酒屋连锁店"和民"

居酒屋中的大企业和民餐饮集团运营的"和民"，其基本理念是"丰盛而令人享受的家庭餐"。

如果从战略定位的三要素来考虑，其内容如下。针对"不仅是喝，也不仅是吃，而是要尽情享受时间和空间"这一需求（需求），面向年轻顾客群体（主要顾客），打造出给人以"您的客厅和厨房"之印象的菜单和店铺设计（独立能力），并积极地进行推广。

"安倍经济学"（安倍晋三的经济政策）也对此提供助力。当"就算贵一点也想品尝美味"这一需求出现时（外部环境的变化），"和民"在2014年4月消费税上涨时，以扩大顾客群体为目标，推出了价格略高的菜单。

但是，店铺的销售额却下降了。目标客单价是2850日元，但实际客单价却是2600日元（每一个顾客平均消费的金额：price），与之前相比几乎没有上涨，但顾客反而减少了。原本是伴随价格上涨，提供高品质的菜肴（product），由此来吸引40～50岁的顾客群体的市场营销战略，但是连这些目标顾客也评价说"价格很高"。

与此同时，之前的主要顾客群体——20～30岁的年轻顾客，也无法接受高价格的菜单。结果，"和民"于2015年4月重新调整菜单，下调了菜品的价格。

从这个例子能学到什么呢？

使20～50岁的庞大顾客群体（顾客）都能接受，问题的本质是否就在于这战略呢？百货商场、永旺、伊藤洋华堂等综合超市，这种拥有大量目标顾客的业态正处于停滞不前的时代。

将目标顾客从当初的年轻顾客群体，转变为"就算贵一点也想品尝美味"的40～50岁的顾客群体，使得战略定位中的顾客定位变得"暧昧"。一旦顾客的定位变得"暧昧"，与"不仅是喝，也不仅是吃，而是要尽情享受时间和空间"这一需求相对应的店铺氛围设计（市场营销战略中的place和接待顾客的promotion）就变得"暧昧"。经营战略中不仅需要使用降价这种价格战略（price），还需要关注一样东西：目标顾客。

这个例子告诉我们，转变经营战略必须再次确认目标顾客，重新考虑市场营销战略的整体布局。"和民"将40～50岁的顾客作为新的目标顾客，但是他们和

20~30岁的顾客相比,在菜单(菜品种类)、价格设定、待客方式等方面的要求可能并不相同。

企业经营状况不良时,调整了市场营销战略,情况没有好转的话,就有必要重新构建经营战略。如果把扩大客户层作为战略定位的变更内容(经营战略的变更),那么使用既有的店铺和从业人员等进行运营将很难有所改观。要打造全新业态的"和民",市场营销战略(4P)也要与经营战略的变更配合。

现在你应该知道,了解经营战略与市场营销战略的区别,对于懂得经营非常重要了吧。

洞察经营战略与价格关系的诀窍:
价格高却畅销的雷克萨斯、价格低却赚钱的折扣商店

在市场营销战略中,价格是非常重要的要素。但是,在不同经营战略下,市场营销战略的内容也会有很大的不同。也就是说,根据经营战略的不同,价格的方向性会有很大的差异。为了理解这一点,有必要了解一下收益性指标,先来对此进行说明。

什么是收益性

所谓收益性,是指最终产生的利润占投资资金的比例。例如,将 100 万日元用于股票投资,获得的分红和出售获得的利润为 10 万日元,那么股票投资的收益性就是 10%(=10 万 ÷100 万)。这个比例越大,收益性就越好(也叫作收益率高)。

我们用身边的事例来想一下。假设我们把钱作为活期存款存入银行,每年能够获取 0.02% 的利息,这时,存款的收益性是 0.02%。存款的收益性由利息来表示。一旦利息偏低,钱就会流向收益性更好的投资信托、房地产投资信托等金融产品。

判断公司收益性的 ROA

如何判断公司的收益性呢?下面介绍使用公司的财务决算报告进行的分析(见图 1-4)。公司的收益性可以用资产收益率(return on assets,ROA)(= 利润 ÷ 资产)来判断。因为公司的资产意味着对经营活动的投资金额,所以用 ROA 来表示投资金额(即资产)能够获得的利润。ROA 越大,公司的收益性越好。

那么,如何才能提高 ROA 呢?

第1章 战略发生变化，价格也随之变化

```
                    利用利润率        通过加速
                      赚钱     或者   积累利润

   利润      =    利润      ×    销售额
   资产           销售额          资产

资产收益率（ROA）  销售利润率       资产周转率
```

改善收益性的两个战略 →	高附加值战略	低价、提升市场份额战略
	・专业化 ・强化服务 ・提升加工度 ・承担风险 ・独自进行商品开发	①以低价扩大销售 ②缩减资产 ・加速外部委托 ・应收款项的回收 ・削减库存

图 1-4 从收益性看基本战略

ROA可以分解为销售利润率和资产周转率。销售利润率表示在销售额中利润所占的比例，而资产周转率是指在事业中投入的资产（例如店铺设备等固定资产）有多少是得到有效利用的。因此，如果想提高ROA，就可以通过提高销售利润率或者资产周转率来实现。

价格高却畅销的雷克萨斯的机制——提高ROA的事例一：提高销售利润率

我们来看一下提高ROA的具体事例。

下面先介绍一下提高销售利润率的方法。

提高销售利润率，可以通过提供高附加价值的商品和服务来实现。

我们来看一下财务决算报告。图1-5是盈亏分析报告的结构图。提高销售利润率，从盈亏分析报告来看，针对销售额，应该提高销售总利润［从销售价格（＝销售额）中扣除进货成本（＝销售成本）］、营业利润（主营业务利润）、经常项目下的利润（期间的正常利润）的比例。而提高被称为毛利率的销售总利润率则尤其重要。因此，有必要采取能够使销售总利润率提升的价格设定以及不实行降价的销售战略。这样的战略（事业的方向性）称为高附加价值战略。

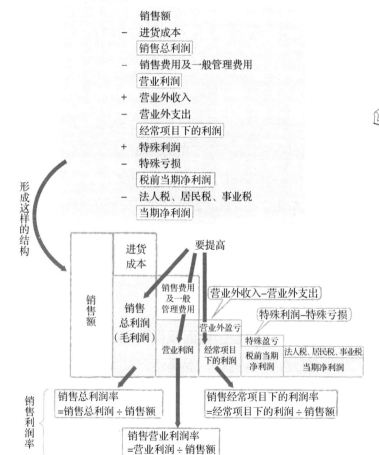

图 1-5 盈亏分析报告的结构

举一个例子，丰田公司在出售雷克萨斯时，推行与其他丰田品牌不同的战略——以酒店式的待客服务为卖点，在价格上将 500 万日元级别的车型定为主流。这不是以价格来决一胜负，而是在彻底贯彻以服务为主体的市场营销战略。

例如，在店铺设置顾客休息室，准备一个舒适的空间，让顾客在等待汽车维护时不会感到无聊。另外，为了确保交付车辆时有一个专用空间而设置"雷克萨斯展示厅"，给雷克萨斯用户营造出特别感觉。

从战略定位上分析，以倾向购买欧洲高级汽车（宝马、奔驰等）的富裕阶层为销售对象，满足喜欢日本车给人对于车要能给自己带来安全感的需求，提供集结了丰田技术实力的服务。

尽管便宜却能大量销售而获得利润的折扣店——提高 ROA 的事例二：提高资产周转率

提高资产周转率，是指用较少的投资（资产），优先提高销售额，可以通过不断地销售商品（使资产周转起来）来实现。从盈亏分析报告来看的话，这是指即使牺牲销售总利润率（毛利率），也要提高销售额和销售量。

折扣店应该是一个比较典型的例子。折扣店大量采购低价商品,然后在短时间内售罄。再举一个例子,有些二手车门店沿街停放着很多辆二手车,它们一边比拼价格一边卖车。这样的二手车门店采取的是尽量降低销售总利润率,从而增加销售量的战略。它们如果不提高资产周转率,收益性就会变差,生意也就无法做下去。

一个强调价格低的二手车门店的招牌上面写着"这个价格,连小学生都买得起!""扔掉虚荣来这里买吧!""如果您挑剔且精打细算,请到利润丰厚的店铺购买!"

理解库存周转率

关于"提高资产周转率",我再说明一下。折扣店和二手车门店的例子应该很好理解。资产周转率中的库存周转率是关键点。

如果把资产作为库存,那么资产周转率就变成库存周转率(=销售额÷库存)。假设年销售额是120,平均库存是10,那么库存周转率就是12(=120÷10),表示"拥有平均库存12倍的年销售额"。

或者,还可以认为"采购12次库存(商品)"。因为1年有365天,以"365天÷库存周转率12"来计算，可以得到30.4这个数值。这表示库存商品全部售罄，平均要用30.4天（约1个月）。这30.4天叫作库存周转天数（库存全部售完需要的天数）。

如果把库存周转率提高至15（这是好倾向），库存周转天数将缩短为24.3天（=365天÷15），就能够实现较为高效的经营，对ROA会产生较好的影响（提高）。

在提高库存周转率的方法中，有下调价格、集中采购畅销商品等市场经营战略。但是，前者是降低销售总利润率，而后者是降低进货价格。

折扣店和二手车门店使用的战略并不是提高销售利润率，其战略的基本内容是通过低价销售提高资产周转率（在此为库存周转率），从而提高ROA这一收益性指标。

每日低价为什么能够赚钱：理解库存收益性的窍门

再来介绍一下库存的收益性。

是否有人会想："库存是剩余的东西，能产生利润吗？"库存是通过销售储备资源库存并赚取销售额，从而产生利润的。当然，如果库存无论如何都卖不出去，就不得不废弃，也会造成损失。库存的收益性可以用来判断主营业务是否进展顺利以及进展程度如何。

把图 1-4 中的资产（资产收益率 = 利润 ÷ 资产）换成库存，把利润换成销售总利润，那么 ROA 就变成库存对比销售总利润率（= 销售总利润 ÷ 库存），如图 1-6 所示。这个指标称为 GMROI（gross margin return on investment，商品毛利回报率）。这个指标表示销售总利润占库存的比例，能够表示库存的收益性。例如，销售不了的库存一旦大量积压，GMROI 就会变小。如果是进货之后很快销售出去的商品，由于不增加库存，而且使销售总利润增加，GMROI 就会变大。

这与 ROA 相同，如果想改善库存收益性，可以通过提高销售总利润率（高附加价值战略）或者库存周转率来实现。

为了提高销售总利润率，实施定价销售的方针、销售商品的同时强化售后服务、抓住固定客层、避免价格竞争等方法都很有效。

在提升库存周转率时，经常使用低价进行销售的经营战略（每日低价）很出名。这也是美国零售企业沃尔玛的战略。

关于改善收益性，截至目前已经介绍了三个战略的事例。每一个都与价格和战略相关联。

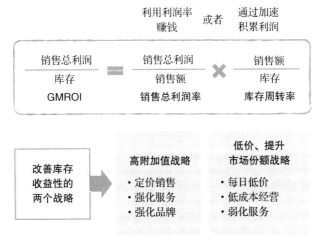

图 1-6　观察库存收益性的指标

正如使用 ROA 进行说明时提到的，"两个战略（方向性）中选取哪个"很重要，而同时以两个方向为目标则并非明智之举。这就好像同时运营雷克萨斯的销售店和强调价格低廉的二手车门店。

大塚家具和 NITORI 的赚钱方式有何不同

我们再来看一下大家更加容易理解的事例。

在雷曼事件（2008 年 9 月）之后，以 NITORI 和宜家为代表的家具品牌，凭借优惠的价格、漂亮的外观以及休闲的风格开始受到欢迎。与此相对，大塚家具则一贯重视礼貌待客，采取的是高附加值战略。

使用 ROA 推测公司的战略

将 NITORI 和大塚家具进行对比，可以看出二者的收益性存在很大差异。

如图 1-7 所示，NITORI 的 ROA 为 19.7%，而大塚家具是 2.1%。NITORI 的收益性比大塚家具好很多。

计算公式	经营指标	NITORI (2014年2月)	大塚家具 (2013年12月)
①×②	ROA	19.7%	2.1%
①	经常项目下的 销售利润率	16.4%	1.8%
②	总资产周转率	1.20	1.18
365天÷②	总资产周转天数	304天	309天

ROA（收益性）存在差距的原因在此！

图1-7　NITORI与大塚家具的收益性

注：使用合并数据计算。

我们来分析一下产生收益性差距的原因。二者的总资产周转率都约为1.2。从这一点可以看出，作为大量使用库存和仓库等资产的家具业的战略方针，两家公司都具备与资产相平衡的销售规模。

作为参考内容，向大家介绍一下总资产周转率较大的行业。药妆店行业是2.15、食品批发业是3.1（出自《日经经营指标2011》）。这些行业选择的是以通过提供低价产品来提高市场占有率的战略。

由此可知，ROA的差距在于，显示高附加值战略成果的经常项目下的销售利润率的差距。NITORI是16.4%，大塚家具是1.8%，NITORI的经常项目下的销售利润率较大，使得其ROA（收益性）产生了压倒性的优势。

高附加价值战略也体现在人工费

如图1-8所示，大塚家具的GMROI为210.1%（表示一年中赚取的销售总利润是库存的2.101倍），与此相比，NITORI是546.0%（表示一年中赚取的销售总利润是库存的5.46倍）。在表示库存投资利润率的GMROI上，NITORI获得了压倒性的优势。

定价即经营

计算公式	经营指标	NITORI（2014年2月）	大塚家具（2013年12月）
①×②	GMROI	546.0%	210.1%
①	销售总利润率	52.0%	55.3%
②	库存周转率	10.5	3.8
365天÷②	库存周转天数	34.8天	96.1天
人工费÷销售额	销售额中人工费占比	10.5%	19.0%
人工费÷销售总利润	劳动分配率	20.3%	34.4%

与库存相比利润的占比很高

销售额中利润的占比很高

NITORI的商品不断畅销

图1-8 NITORI与大塚家具的收益性

注：使用合并数据计算。

分析其原因（与 ROA 同理），在销售总利润率上，大塚家具的 55.3% 高于 NITORI 的 52.0%。可见大塚家具的毛利率高于 NITORI。观察库存周转率，大塚家具是 3.8，NITORI 是 10.5。为了便于理解，可以将这一数字转换成库存周转天数。这意味着大塚家具要把库存全部售出需要 96.1 天，而 NITORI 只需要 34.8 天。也就是说 NITORI 价格优惠，商品在不断售出。

通过观察 GMROI，可以知道 NITORI 因库存的收益性而占据优势的原因——受库存周转率（或者库存周转天数）的差距影响。而 NITORI 还经营日用品等价格较低（库存周转率高）的商品，这也为提升库存周转率发挥了作用。

此外，从大塚家具高达 55.3% 的销售总利润率可以看出，其推行的是高附加值战略。但是，较之以往经常项目下的销售利润率出现下降，这说明该战略在经营过程中没有收获成效。

观察销售额中人工费占比（= 人工费 ÷ 销售额），大塚家具是 19.0%，NITORI 是 10.5%。这个差距表明，大塚家具通过雇用全职员工礼貌细致地待客来销售高附加价值的家具，而与此相比，NITORI 以雇用兼职员工和小时工为主。

观察劳动分配率（＝人工费÷销售总利润）也能看得出来。这表示在销售总利润中，人工费所占的比例。大塚家具将销售总利润的34.4%用于支付人工费，而NITORI却仅为20.3%。

正因为是高附加价值的家具和室内装饰品，才有必要宣传其价值进而进行销售。因此需要在经营中重视人工这一要素。但是，追求便宜、简易的消费者日益增加，前往大塚家具的消费者不断减少，这在大塚家具经常项目下的销售利润率的下滑中能够体现出来。

是在培养人才的同时继续深耕高附加值战略，还是改变商品的销售方法，轻松愉悦地招揽顾客？这种经营战略的不同，恐怕正是引起大塚家具的家庭纷争（父女争夺经营权）的本质原因吧。

第2章 为什么星巴克不降价

彻底贯彻品牌战略

定价 即 经营

为什么高级酒店的咖啡即使超过 1000 日元也不会令人感到昂贵

大家什么时候喝咖啡呢？像在茶歇时，想"放松一下"的时候比较多吧？人在这种时候会有各种各样的想法，比如"甜一点比较好""换个心情来个滴落式咖啡""算了，还是去星巴克吧""来杯便利店的咖啡吧"等。

咖啡的价格是如何制定的

我们想喝甜一点的咖啡，一般是在略感疲惫的时候，这时脑中浮现出乔治亚等大型制造商生产的罐装咖啡。大家在便利店和自动贩卖机花差不多 130 日元就能买到一罐放松一下。此时，咖啡的价格是 130 日元。

换个心情，我们来说一说滴落式咖啡。在自己家的客厅，你在咖啡过滤纸里放入喜欢的咖啡粉，可以一边听喜欢的音乐，一边品尝冲泡方式考究的咖啡。为了享受这一刻，你会在咖啡专卖店特意买来烘焙好的巴西咖啡豆（100 克，550 日元）。设想一杯咖啡使用 10 克咖啡豆，一杯所用咖啡豆的价格就是 55 日元（=550 日元 ÷

100克），一张过滤纸的价格是 3 日元，水电费是 5 日元，由此推算合计为 63 日元。只花费 63 日元就可以一边听喜欢的音乐，一边享受味道可口的咖啡。自己制作的咖啡，与罐装咖啡相比经济实惠，但是要花一些时间和精力，而得到的满足感也是很高的。

如果在星巴克喝咖啡，咖啡的价格是多少呢？点一杯 360 日元的大杯滴落式咖啡，邻桌坐下来，望着街上来往的行人，你可以在此休息片刻。那么在星巴克喝咖啡的价格就是 360 日元。

我们再走远一点，去银座的老字号咖啡店 CAFE PAULISTA 喝杯咖啡。一杯巴西咖啡（森林咖啡㊀）是 472 日元。这家店过去是菊池宽等大正时代的文豪经常来的地方，也因约翰·列侬和小野洋子光顾过而出名，是一家具有日本咖啡文化和历史的老店。说点题外话，"银座漫步"这个词，很多人认为是指在银座悠闲地漫步，其实还有另外一种说法，是指在银座品尝巴西咖啡，这说的就是这家老字号咖啡店 CAFE PAULISTA。坐在银座的老字号咖啡店喝上一杯咖啡，会有一种很时髦的感觉，正因为会有这种感觉，所以 472 日元还是很

㊀ 不使用农药、自然栽培的咖啡。——译者注

便宜的。

如前所述，为了缓解疲劳可以喝一杯咖啡这种单纯的行为，可以变成"享受咖啡""为了换个心情专门去喝咖啡"等，咖啡具有多种多样的品尝方法和享受方法。这种差异在改变咖啡的价值，也就是价格。

在高级酒店的大堂喝咖啡的价格是在老字号咖啡店的两倍以上

下面，我们去高级酒店喝杯咖啡。在位于东京纪尾井町的新大谷饭店的花园休息室，喝一杯混合咖啡要1270日元。其价格大约是罐装咖啡的10倍。最便宜的曼特宁咖啡（印度尼西亚产的咖啡）是1600日元一杯。

那么，我们来思考一下高级酒店咖啡的成本是多少。咖啡的成本，可以将在家中冲泡的滴落式咖啡的成本作为参考。即便使用很好的咖啡豆，成本也只有63日元。我们对此询问了很多人，说得低的是10～20日元，说得高的也不过200日元左右。

当被问到"你认为咖啡的成本中都包含什么"这一问题时，大部分人的回答是咖啡豆的费用和水费（水、电、燃气费）。此外，还有砂糖和牛奶的费用。这些是材料费，在会计学上叫作变动费用。为什么会"变动"

呢？因为这是卖掉一杯咖啡所必须支出的费用。因此，如果卖得出去，变动费用就会增加，如果卖不出去，变动费用就不会增加。一般将变动费用解释为与销售额成比例产生的费用。

在此，我们假设高级酒店咖啡的成本平均为110日元。售价1270日元减去110日元（变动费用），可以获得1160日元的毛利润。这个毛利润也称为边际利润。请记住，销售额－变动费用＝边际利润。对于顾客来说，高级酒店卖一杯咖啡可以赚取1160日元。在新大谷饭店喝咖啡的人虽然觉得很贵，但还是会来消费。这里总是聚集着很多人。

如果问一下这些喝咖啡的人，大部分人会这样回答："能够在如此惬意的场所度过片刻时光，如果把这笔钱作为场所费，那么1270日元还是很便宜的。"

"在新大谷饭店的花园休息室，可以看到具有400多年历史的10 000多坪⊖的日本庭园，在这里喝咖啡能让人的心灵变得更加丰富。"

在这个花园休息室喝咖啡，重要的是能在这里得到享受，而喝咖啡本身就没有那么重要了。

⊖ "坪"是日本度量衡的面积单位。用于丈量房屋和宅地面积。1坪≈3.306平方米。——译者注

咖啡的价格根据使用多少固定费用来决定

高级酒店的咖啡的边际利润是1160日元，其本质是附加价值。花园休息室这个场所，产生了1160日元的附加价值。顾客为110日元的变动费用（材料费）支付了1270日元，正是因为他认可了1160日元的附加价值。也就是说，如果能够很好地展示出附加价值，就算价格定得很高，顾客还是愿意支付的。

那么，酒店方面是如何向顾客提供附加价值的呢？首先，顾客最在意的是日本庭园这一景观。酒店为了维护日本庭园付出了成本：对土地要支付固定资产税，在维护费方面要支付人工费、修整庭园的用具等消耗品的费用（见图2-1）。

另外，从业人员周到的服务也是顾客评价的对象。为了维持和提升从业人员的服务水准，有必要进行持续性的培训。持续性地投入培训费和人工费也是非常重要的。桌椅等设施也需要花费成本，会产生折旧费和租赁费等设备费。

酒店通过投入多方面的时间和精力，努力让顾客认可附加价值。

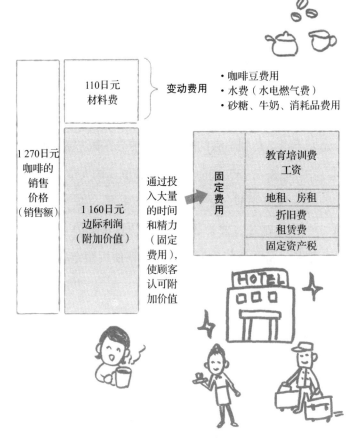

图 2-1　顾客关注的固定费用

这些投入的时间和精力与花园休息室的销售额并没有关系。这种与销售额无关，也会产生的费用，叫作固定费用。

正是由于酒店投入这些固定费用，因此顾客支付的不仅仅是110日元的材料费，还支付了1160日元的附加价值的费用。削减这些固定费用（不投入时间和精力），会使顾客觉得一杯咖啡1270日元太贵而感到不满，那么销售额就会急剧下滑。感到不满的顾客应该不会在休息室喝咖啡，而是在外面买来130元的罐装咖啡在酒店的大堂饮用吧。

由于经济不景气，而削减固定费用、减少附加价值、不顾及顾客，使得销售额急剧下降的例子时有发生。越是经济不景气的时候，越应该使用固定费用创造附加价值，这种想法是很有必要的。

由附加价值产生利润

由"物品"转向"体验"，在市场经营战略中正在得到应用。由"购买物品"转向"体验开心的事情，让心灵更加丰富"，这是提升商品和服务价值的战略。

从会计学（计数感觉）的角度来考虑，为了提升附加价值（边际利润），如何使用固定费用是非常重要的。使用固定费用就要花费时间和精力。花费了大量的时间和精力，顾客能否看出来，企业能否很好地将之传达给顾客？努力让顾客认可这些附加价值是非常必要的。向顾客传达所花费的时间和精力的战略，正是市场营销战略。

如图2-2所示，从销售额（销售价格）中扣除变动费用（材料费），可以得到相当于附加价值的边际利润。由此扣除固定费用，就能够计算出利润（税前）。从利润中扣除税金（法人税等），剩余的就是当期净利润（税后利润）。由此我们可以知道，利润是从边际利润中产生的。

根据这种想法制作的盈亏分析报告叫作变动盈亏分析报告。变动盈亏分析报告根据变动费用、边际利润、固定费用等而不是通常盈亏分析报告的销售总利润来考察公司的状况。看变动盈亏分析报告能够知道附加价值（边际利润）的大小。由此可知，附加价值（顾客认可附加价值而支付的金额）用于支付固定费用中的各项内容（人工费、地租、房租等），最后还能产生利润。

我们已经介绍过，附加价值是通过使用固定费用而产生的。因此，产生的附加价值有必要分配到各种固定费用当中，作为人工费、培训费的资金来源使用，也要持续不断地投入与设备关联的费用（折旧费、租赁费、固定资产税），如果这些投入能够成为不断产生附加价值的原动力，公司就能够更好地成长。

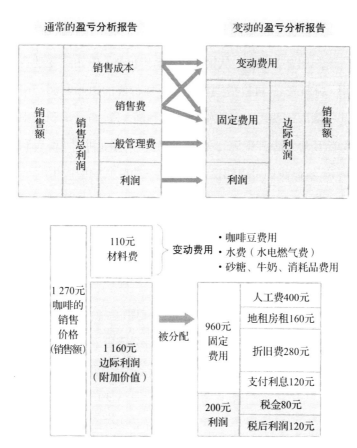

在变动盈亏分析报告中，能够知道附加价值（边际利润），并且能够知道附加价值被分配为固定费用和利润。

图 2-2 盈亏分析报告的构造

为什么星巴克不降价

既然说到了咖啡,那么我们来看看大家比较熟悉的星巴克咖啡。星巴克自从 1996 年在银座开设一号店以来,为日本的咖啡文化带来了创新,并以其独特的经营战略提出了咖啡休息时间的新形式,并且不断成长起来。我们以星巴克的战略为参考,来思考一下品牌的意义与价格的关系。

打消了"星巴克的咖啡很贵"这一想法的品牌力量

中国的中央电视台在 2013 年曾报道过"星巴克在中国获取暴利",指出星巴克价格过高,对外资企业进行了谴责。星巴克在中国的价格,据说比日本和美国等地的价格都高。事实上,一杯小杯的拿铁在中国的价格大约为 430 日元,在美国大约为 270 日元,中国的价格是美国的 1.6 倍(日本是 330 日元)。这个差价,的确会引来这样的批评。

但是网上有很多人认为"星巴克提供了舒适的空间""去了星巴克,可以了解自己喜欢的咖啡",诸如此类意见不断增加,抵制了那些批评意见。对于后者的观点，上海的星巴克设有"咖啡教室"的服务项目，为以团体形式到访的顾客配备讲师，讲解与咖啡相关的知识（在日本也有咖啡讲座）。顾客可以更加了解咖啡，对咖啡文化产生兴趣，成为星巴克的"粉丝"。可以说，追求高品质的顾客挽救了星巴克。

星巴克公司为了使"星巴克"形成品牌化采取了高价格战略。因为中国的人均收入低于日本，所以中国的星巴克推出比美国的价格还高的咖啡时受到了批评。但是，高价格的设定会令前往星巴克的顾客产生一种优越感，造成与他人形成差异的效果。高价格战略，作为高附加价值战略的方法之一在中国得以适用。

在日本说起"星巴克"，也会有很多人觉得很时髦。不仅是价格，那种营造出来的时尚感（星巴克店内的氛围、位于黄金地段等），会让来到星巴克的顾客点上一杯精心制作的咖啡，不仅可以小憩，还能让他感觉仿佛置身于某种具有身份地位的场所之中，因而情绪高涨。如此，便实现了高附加价值战略的目的。

打造品牌的必要条件

可以说星巴克在打造品牌上是成功的。所谓"品牌"原本是指使用文字、图形来表示的商品或服务名称的商标。文字信息表示的是品牌名称，图形信息表示的是品牌标志。例如，"苹果"是品牌名称，苹果形状的图案是品牌标志。

但是，如果以与经营之间的关系来定义的话，品牌就是"商品、服务所具有的个性、特长、印象"，这样应该更容易理解。

对于如何打造品牌的个性、特长、印象（品牌化），让我们从经营战略、市场营销战略的角度来整理一下。想想星巴克的例子。

1. 彻底贯彻使命

星巴克具有明确的使命，即"激发并孕育人文精神——每人、每杯、每个社区"。每个员工都被要求彻底贯彻这一使命。

这个使命的如下含义，更容易被理解。

（1）全心全意制作咖啡，总是提供美味的咖啡。

（2）微笑待客，让顾客感到安逸，并且营造出让人还想再来光顾的氛围。

（3）在时尚的店铺里提供以上服务。

无论缺少其中的哪一个要素，都不能成就星巴克。如果你作为顾客去过星巴克的话，应该能感受得到。

2. 赢得顾客的信赖

星巴克的使命中所包含的信息,最终都是为了构筑与顾客之间的信赖关系。人与人之间的信赖关系,是从遵守约定开始的。信赖关系会因为迟到、说出的话没有做到等琐事而遭到破坏。

星巴克不降价,正是考虑到"价格也是和顾客的约定"。如果降价的话,就会让人有"那之前的价格是怎么回事"这样的疑问,令人产生不信任的感觉。

就好像一件售价5万日元的大衣,在打折时便宜了一半,会让人觉得原价5万日元太贵了。花5万日元购买的顾客,就会产生不信任的感觉。这种价格策略在各行各业中都能经常看到,但这并不是打造品牌的良策。

就算星巴克的业绩出现下滑,星巴克也不会发送印有优惠券的传单来招揽顾客。这是因为旨在短期内提升销售额的策略,会破坏星巴克与顾客之间的信赖关系,有损它的品牌。打造品牌需要经历漫长的过程,但破坏却是瞬间的。

麦当劳曾经因为使用过期鸡肉和食物中混入异物的问题,损坏了品牌的声誉,之后导致客流量大幅减少,业绩一度低迷。看到这个例子,大家就应该明白了。

从会计（计数感觉）的角度来看，如果品牌受到破坏，那么为了品牌成长而长期投入的成本（投资），就算累计今后所有的销售额恐怕也无法收回。也就是说，"长期的销售额 – 长期的投资总额"会呈现赤字（亏损）。

3. 用服务回馈

可以说星巴克不是在销售商品（咖啡），而是在销售服务。服务提供了第三场所（第三空间）。不是在家，也不是在办公室或学校，营造出符合第三场所的氛围才是关键所在。

这里具有充满时尚气氛的装修、光线较暗的灯光、沙发的摆设等，这一切都让人想在此久留。能看到整条街道的露天阳台，也是作为第三场所不可缺少的。店内全面禁烟，现在看来是理所应当，但在当时这是很重要的氛围服务。星巴克禁烟的理由是"香烟会影响咖啡的味道"，完全是从咖啡的角度来考虑。这也是贯彻使命时必不可少的，是在为品牌力量的成长做出贡献。

业绩曾一度低迷的麦当劳于 2014 年 8 月开始实行全面禁烟。其理由是"为了孩子和老年人的健康，希望大家在干净的空气中品尝美食"。但这听上去并不是为了彻底贯彻使命（经营战略的抽象概念），而是作为打破销售低迷的方法（市场营销战略），如此策略令人怀疑能否抓住新顾客的心。这与基于明确的使命，打磨品牌力量的星巴克之间的差距显而易见。不得不说反复实行降价策略的麦当劳推出的全面禁烟，距离品牌化还相差甚远。

星巴克的食品菜单并不丰富。这是为了与Doutor Coffee等致力于提供食品的自助式咖啡店形成差异化。这里不是吃饭的场所，而是远离家庭、职场、学校等，用于转换心情的第三场所，要想实现这种经营战略，就必须具备专注于咖啡的专业性。

4. 商品、服务的专业性和员工教育

对于提供的商品和服务，具备专业性是非常重要的。如果不具备专业性，就无法获得顾客的信任，也无法用服务来回馈顾客。

星巴克很重视专业性，并且具备全面培训员工的机制。在一般的餐饮店，培训时间最长不过3天，但是在星巴克，不管是打工的学生，还是正式员工，都要参加80小时的培训，大约用两个月的时间进行。员工参加培训之后，才能首次作为咖啡师在店里工作。

一旦作为咖啡师工作，员工就会被设定更多的目标：挑战成为咖啡师教练、黑围裙、值班主管（时间段负责人），让自己不断提升。这种培养人才的机制，已经成为实现星巴克离职率较低的原动力。

员工教育，已经产生了令人更加喜欢星巴克的效果。工作热情提高了，对顾客的服务质量也就自然提升了。星巴克这个品牌，是由非常喜爱星巴克的员工们打造出来的。你喜欢你的公司吗？

星巴克全部都是直营店。为了提升销售额和扩大市场，虽然可以通过招募加盟店实行特许经营模式，但是这并不适合贯彻星巴克的使命。星巴克为了贯彻员工教育、提高店铺服务质量的使命，适合采用直营店的模式。麦当劳过去也曾以直营店为主进行经营，但是为了快速提升销售额，开始推行特许经营模式，而这种模式成为引发众多问题的原因之一。

从会计学（计数感觉）角度来考虑，打造品牌化需要投入很多固定费用。员工的培训费、人工费、店铺设施的投资（折旧费、租赁费）、提升作为第三场所的存在感的投资，这些都是必不可少的固定费用。我们可以发现，固定费用能够产生附加价值的策略，在星巴克已经得到了实践。

教育效果的呈现需要花费时间，但是其效果必然会出现。可以说星巴克没有追求短期利益，而是在以长期利益为目标。

表示品牌的"商标权"资产

最后，说一下品牌在会计方面是如何处理的。在会计学上，品牌表示为商标权和具有"商誉"的记账科目。

山寨商品会导致企业多年打造的品牌价值下滑，为了保护品牌，可以对商品名称（商标名称）和标志（商标）进行商标注册，限制品牌的使用。获得商标注册的品牌具有商标权。

Doutor Coffee[一]旗下的 EXCELSIOR CAFFE，因为其使用的商标与星巴克的相似，受到星巴克提出禁止使用的要求。吉本兴业的伴手礼点心"面白い恋人"（有趣的恋人），因侵犯北海道的人气点心"白い恋人"（白色恋人），销售商石屋制果公司被要求禁止销售。这些都是侵犯品牌商标权的事例。

在会计学上，商标权直至商标注册为止所支出的金额作为资产（无形固定资产）列入资产负债表。商标权对商品的名称等进行设定，这样一来商品更加容易识

[一] Doutor Coffee，创始人是鸟羽博道，号称"日本第一咖啡"。

别，将来也容易销售，并且能够产生利润。

这种将来能够产生利润的支出，不是直接作为（支出时的）费用，而是作为资产。然后，将资产（商标权）在有效期间，逐步作为费用。这个费用就是折旧费。折旧费对应的金额，从商标权中扣除，最后资产负债表中商标权的价格为零。

也就是说，"因具有商标权而获得的销售额 − 相关费用（包括商标权的折旧费）= 因商标权获得的利润"，请大家记住这种想法是最根本的。如果没有商标权，那么"因商标权获得的利润"就会减少。如果出现没有苹果商标的苹果商品，苹果公司的销售额和利润应该会比现在少。

品牌具有超额收益能力

品牌力的优势也体现在价格上。

假设便利店的咖啡售价为 100 日元，星巴克的咖啡售价为 330 日元，差价 230 日元就体现了星巴克的品牌力。而这 230 日元就叫作超额收益能力。由约翰·列侬手写的甲壳虫乐队的歌词手稿，于 2010 年纽约的拍卖会上，以约 120 万美元成交。以当时 1 美元合 90 日元的汇率计算，大约是 1.08 亿日元。因为原价是零，所以超额收益是 1.08 亿日元的天价。

如何评价超额收益能力，也是会计行业面临的课题。在资产负债表的无形固定资产中，以"商誉"这一名称进行标记，表示企业所持有的品牌价值。

受家电量贩店排挤的街头电器店的生存之道

众多家电相关产品逐渐发展为大宗化商品，无法进行差异化，只能依靠低价格竞争，激烈地争夺市场份额，以此来获得顾客。因此在这个行业中，大型的家电量贩店（山田电机、必客、友都八喜[一]）不断地扩大规模。

结果导致街头的电器店被淘汰，在城区几乎很难见到。但是，仔细寻找的话，也能发现依然经营良好的电器店。在这激烈的价格竞争中，它们是如何生存下来的呢？

通过市场营销的 4P 来思考成长战略的线索

为了思考街头电器店成长起来的线索，请大家回顾

[一] 山田电机（YAMADA DENKI），必客（BICCAMERA），友都八喜（YODOBASHI CAMERA）。——译者注

一下市场营销的 4P。从价格、商品种类齐全（商品）、促销、店铺这四点来思考。

1. 在价格（price）上难以取胜

和家电量贩店决一胜负，就必须降低价格。为此就必须降低进货价格。但是，对于店铺狭小，连仓库都没有的街头电器店来说，大量进货是不可能的。如果可以的话，倒是有一个办法，就是街头电器店联手共同进货。但是，具有匠人精神和强烈独立意愿的街头电器店的老板们，很难在一起合作。原本这些电器店是属于各个厂家的系列店铺，所以要将这些系列厂家也联合起来，恐怕就更困难了。所以，采用以低价格获得顾客的方法，是无法与家电量贩店抗衡的。

莫不如使用高价格来决一胜负，这样可以与家电量贩店形成差异，能够提升利润。

2. 从商品种类齐全（product）的角度来看，向专业店发展才有出路

在 2000 年前后，松下电器公司对旗下的系列店铺 Panasonic Shop（当时叫作 National Shop）在一段时期内进行过提案，即在原本的家电销售之上，向专业化的

店铺转型,例如转变为电脑专营店、家庭影院专营店、电子日用品专营店、电动自行车专营店、移动通信(手机)专营店、住宅改造专营店、修理专营店。这是因为小规模的店铺无法销售种类齐全的家电,并且已经产生了危机感,如果不向专营店转型,就无法与家电量贩店抗衡。

在这些领域中进行专营店的转型,可以看作街头电器店的生存之道。

之后电脑专营店和移动通信专营店,由于市场缩小和平板终端等新型竞争商品的出现而不得不退出市场。

但是,老龄化的加剧、住宅改造需求的扩大、环保意识的提高等,为相关的专营店带来了商机。

3. 应该从促销(promotion)角度来考虑的商业模式

街头的电器店只有几名员工,大多是家族经营,使用散发传单广告和积分的销售方法,这使得资金方面存在有待解决的问题,并没有形成有利的促销手段。导致发生价格竞争的可能性很大,要避免这一问题必须考虑其他的促销手段。

对此，作为融入居民生活区域的电器店要思考能够发挥其优势的促销方法。在昭和时代[一]，有很多酒屋、干洗店、书店采用满足顾客需求的经营方式。这就是要通过与顾客见面交流，了解顾客的需求，思考作为电器店能够做些什么。锁定销售区域，就算员工很少，也能进行上门销售和说明，还可以提供安装服务、修理服务等。

例如，只要下单，就能将食品等送货上门的网络超市；在山村等人口稀疏的地方，移动销售车为那些被称作"购物难民"的消费者运送食物和生活用品。7-11便利店等大型便利店已经开始加入并在普及这种商业模式。

4. 从店铺的角度来看交流的机会非常重要

很遗憾，在店铺里面发挥出优势是很困难的。虽然可以使用网络销售等方式来扩大市场，但是价格竞争激烈，就连进货价格也会遇到困难。

不如请顾客来到店里，创造面对面交流的机会。首先要确保接待顾客的空间。经常能够看到商品堆积如山的店铺，实在是大煞风景，这在根本上是存在问题的。正如上文从商品种类齐全的角度中提到的，作为专营店

[一] 即1926年12月25日～1989年1月7日。

必须着眼于专业化商品的展示。当然，也要注重店铺的外观（这叫作门面），要打造让人想去光顾的店铺。

东京都町田市的电器店"天下的山口"的成长战略

有一家街头电器店实现了上述这种 4P 经营。这正是电视和杂志上频繁介绍的电器店"天下的山口"。这家店位于东京都町田市，是 Panasonic Shop 中的顶级店铺，创立于 1965 年。

首先，介绍一下这家电器店的经理在官网上的一段致辞。

"为了町田市以及相模原市和周边的顾客，'便利的电器店山口，飞奔而至为您服务'，我和全体员工将共同为之努力，请多多关照。'家电、住宅改造、太阳能发电、热泵电热水器'等，山口今后也将努力成为'近在身边的便利电器店'。"

这段话明显体现出了战略布局。梳理一下包含以下内容。

"把町田市以及相模原市和周边的顾客作为对象（顾客），从电器商品到住宅改造，遇到问题时马上飞奔而至提供服务（需求），守护您安心生活的便利的电器店（独立能力）。"

客层中老年人居多，他们无法掌握日趋先进的家电的使用方法，在追求效率的家电量贩店里，他们得不到详细的说明。而且，在偌大的卖场中找不到需要的商品，使得老年人购物困难。因此有很多人选择"天下的山口"所提供的服务。

"遇到困难，马上飞奔而至为您服务"这一内容也体现在店铺的招牌上，记为"山口飞奔而至！"也就是说，不仅是家电，还全面展示出只要遇到困难就能提供服务的便利性。依靠融入居民生活的服务式经营，提供细致周到的服务才是卖点。尤其对老年人而言，这一口号别具魅力。

但是，尽管免费服务是卖点，销售价格却比家电量贩店高出二到四成。为了提供服务，大概要消耗人工费吧。

"天下的山口"电器店的店铺面积约为 $500m^2$，正式员工 40 人，兼职员工和小时工 10 人，共计 50 人，这家店真的赚钱吗？我们来分析一下。

进行盈亏平衡点分析

要想知道赚了多少、经营的稳定程度如何，需要看下面几个指标。

- ◀ 盈亏平衡点分析：销售额达到多少能达到收支平衡的分析。
- ◀ 安全边际率：经营的安全性。
- ◀ 劳动分配率：在附加价值中人工费占据的比例。

首先，根据官网等平台上信息推测一下盈亏平衡点的销售额。所谓盈亏平衡点的销售额，是指当利润为零时的销售额。所以，超过盈亏平衡点的销售额时，才会产生利润。

销售额是13.1亿日元（2011年3月），毛利率是39%，工作人员中正式员工40人，兼职员工和小时工10人，共计50人，用这些数据进行计算。除此之外，参考了一般电器店的经营指标（TKC经营指标：销售额在10亿日元以上未达到20亿日元的数据）。

以下说明的盈亏平衡点可以用图2-3来理解。

纵坐标表示利润·费用，横坐标表示销售额。关键点是固定费用＝边际利润中的销售额处于盈亏平衡点时的销售额。在盈亏平衡点之上提高销售额的话，就能产生利润。

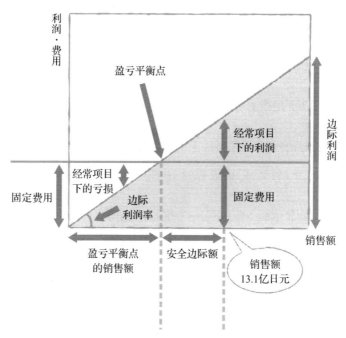

图 2-3 用图来看盈亏平衡点

计算一下盈亏平衡点的销售额

整理一下基础数据：

- 销售额 13.1 亿日元。
- 销售总利润率 39%。
- 正式员工 40 人。
- 兼职员工和小时工 10 人。

以下是推算数值：

- 销售额经常项目下的利润率 6.5%（= 经常项目下的利润 ÷ 销售额 ×100%）。

通常达到 5% 就是一个很好的倾向，"天下的山口"电器店和一般的电器店相比，销售总利润率高出 10 个百分点左右，因此按照 TKC 经营指标中优良企业的销售额经常项目下的利润率 6.5% 来计算。

- 变动费用比率 63%。

在这个事例中，要加入伴随经营活动而产生的广告费和燃料费。广告费和燃料费等，推算为销售额的 2%。变动费用比率（变动费用对比销售额的比例）推算为：销售成本率 61%+ 广告费等比率 2%=63%。

◀ 边际利润率 37%。

可以通过 100%–变动费用比率来获得：100%–63%=37%。

◀ 劳动分配率 50%。

边界利润（附加价值）被人工费分配的占比，使用平均值 50%。

（1）计算固定费用（见图 2-4）：

◀ B 边际利润 =A 销售额 13.1 亿 × 边际利润率 37%=4.8470 亿日元。

◀ 经常项目下的利润 = 销售额 13.1 亿 × 销售额经常项目下的利润率 6.5%=0.8515 亿日元。

◀ 固定费用 =B 边际利润 –C 经常项目下的利润 = 3.9955 亿日元。

（2）计算盈亏平衡点的销售额（见图 2-4）：

◀ 固定费用 = 边际利润上的销售额，即处于盈亏平衡点时所指的销售额。

也就是说，盈亏平衡点的销售额 × 边际利润率 = 成为固定费用时的销售额。

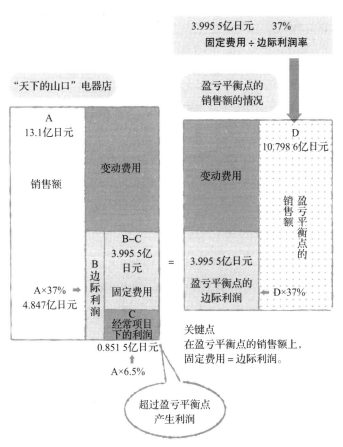

图 2-4 盈亏平衡点的销售额

◀ 盈亏平衡点的销售额 = 固定费用 3.9955 亿日元 ÷ 边际利润率 37% ≈ 10.7986 亿日元

当销售额为 10.7986 亿日元时，固定费用 = 边际利润 =3.9955 亿日元，利润为零。也就是说，人工费和店铺的地租等固定费用为略超 4 亿日元，当销售额突破 10 亿日元时，能够达到收支平衡的状态。"天下的山口"电器店的销售额为 13 亿日元，已经超过了盈亏平衡点，所以完全能够获得利润。

什么是产出利润的销售额（安全边际额）

接下来看一下经营的稳定程度。为此需要计算一下"安全边际额"（见图 2-5）。

◀ 销售额 13.1 亿日元 – 盈亏平衡点的销售额 10.7986 亿日元 =2.3014 亿日元。

这 2.3014 亿日元叫作安全边际额。安全边际额是超出盈亏平衡点的销售额，是产生利润的销售额。产生利润的公司，其安全边际额为正数（盈余）。

下面用安全边际额 2.3014 亿日元乘以边际利润率 37%。

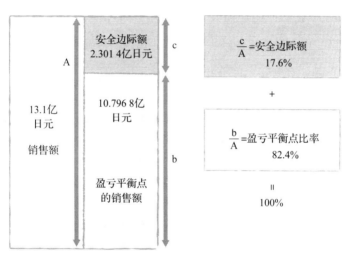

图 2-5　安全边际额与盈亏平衡点的销售额的关系

安全边际额 2.3014 亿日元 × 边际利润率 37% ≈ 8515 万日元，和经常项目下的利润一致。由此可知，安全边际额 × 边际利润率 = 经常项目下的利润。

也就是说，这意味着如果能够提高安全边际额（突破盈亏平衡点的销售额而继续提高销售额），超出的销售额（安全边际额）中，只有边际利润率（37%）的那部分能够产生利润。

安全边际额在销售额中的占比（安全边际率）意味着什么

我们再来看一下这个"安全"的实际情况。

安全边际额 ÷ 销售额 × 100% 得到的指标叫作安全边际率。

用这个事例进行计算，安全边际额 2.3014 亿日元 ÷ 销售额 13.1 亿日元 × 100% ≈ 17.6%（安全边际率）。

接下来，用 100%− 安全边际率 17.6%，计算得出的 82.4% 叫作盈亏平衡点比率。

在这里请大家思考一下。

安全边际率 17.6% 意味什么？

销售额是一年（365 天）累计出来的。用 365 天乘以安全边际率，可以得到 64.2 天（≈ 365 天 × 17.6%）。

这意味着 365 天中，有 64.2 天（两个多月）的销售额在产生利润。

那么，365 天减去 64.2 天得到的 300.8 天，应该如何考虑呢？

300.8 天表示从期初开始到第 300.8 天（9.8 个月），达到盈亏平衡点的销售额。也就是说，累计支付固定费用的资金来源的天数（固定费用 = 成为边际利润所经过的天数）是 300.8 天（9.8 个月），即用约 300 天收回使用的金额（固定费用），之后获得的全部都是利润（见图 2-6）。

以劳动生产率推算人均人工费

这回我们将目光转向劳动者（见图 2-7）。之前提及的"细致周到"的服务，和利润的产生有关系吗？

劳动生产率，是评价每位员工能创造多少附加价值（边际利润）的指标。数值越大，说明员工越努力。

劳动生产率用边际利润除以员工人数来计算。员工人数中，正式员工 40 人，兼职员工和小时工与正式员工相比，每位正式员工的人数记为系数 1，每位兼职员工和小时工的人数记为系数 0.5（做生产性分析时，经常使用这种换算方法）。也就是说，计算劳动生产率时作为分母的员工人数是 45 人（40 人 ×1+10 人 ×0.5）。

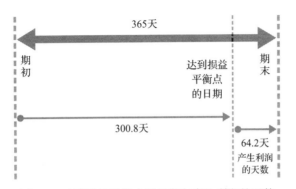

图 2-6 达到盈亏平衡点的日期与产生利润的天数

边际利润 = 销售额 13.1 亿日元 × 边际利润率 37%= 4.847 亿日元。

劳动生产率 = 4.847 亿日元 ÷ 45 人 ≈ 1077 万日元。

这样可以计算出一年中每位员工创造的附加价值是 1077 万日元。其中的 50% 可以用来支付人工费。这意味着劳动分配率为 50%。

人均人工费 = 劳动生产率 1077 万日元 × 劳动分配率 50%=539 万日元。

人均人工费也可以按照下面的方法计算。

边际利润 4.847 亿日元 × 劳动分配率 50%= 总人工费 2.4235 亿日元。

总人工费 2.4235 亿日元 ÷ 员工人数 45 人 = 人均人工费 539 万日元。

定价即经营

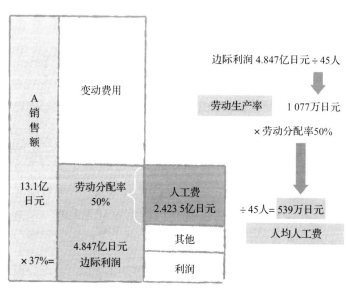

图 2-7 由劳动分配率推测人工费

TKC 经营指标的电气机械器具零售业（二手店除外）的年营业额在 10 亿日元以上未达到 30 亿日元的优良企业的人均人工费是 423 万日元，由此经过一系列计算，"天下的山口"电器店的人均人工费要高出 100 万日元。其原因在于高于一般水平的劳动生产率。

通过 RFM 分析缩小顾客群体

劳动生产率高的背后，包含着数据库的运用。

"天下的山口"电器店利用融入居民生活的经营方式，因此要抓住居民的详细特点。通过与顾客交流所获得的信息，可以作为顾客数据库储存起来。此外，为了更好地提高营业效率，可以缩小顾客的数据。据说"天下的山口"电器店将 30 000 人以上的顾客数据缩小到了 10 000 人。

该电器店通过消费时间、消费次数、消费金额对顾客进行分类，这种方法叫作 RFM 分析法，是由 Recency（最近一次消费）、Frequency（消费频率）、Monetary（消费金额）这三个单词的首字母来命名的。通过这三个指标来缩小顾客的范围，抽出重要的顾客，采取促销策略。

例如，对于一年之内进行消费、消费金额在 100 万日元以上的顾客，着重进行登门拜访、采用直接邮寄邮件的营销方式。五年以上没有消费记录的话，可以从数据库中消除，来缩小数据的范围。根据这种对顾客进行分析的结果，可以挑选出"就算价格很贵也愿意购买"的顾客。如此一来，即便员工很少，也能够高效地运营。

家中的家用电器等使用情况也尽量通过沟通交流来掌握。由此可以掌握购买替换商品的时间和所需要的商品，对建议型的销售方式发挥作用。

这样就能够看出劳动生产率高、人均人工费高的潜在原因了。

如上所述，对于人工费的投资，可以解释为它已经成为"天下的山口"电器店产生附加价值的动力。

通过销售额和员工人数，即使是较少的数据，大家也不妨对自己的公司、客户、供应商等进行分析，必定能够发现使公司赚钱的方法，体会到会计的工作不仅仅是管理账目。

昂贵却依然畅销的法拉利的秘诀

说起意大利的高级汽车制造商法拉利，想必在对汽车不感兴趣的人中也有很多人知道吧（是价值 2000 万日元以上的高级汽车）。也许有人认为"这么贵的车，谁会买呢"。令人意外的是，其 2013 年的年度销售额比上一年增长 5%，达到 23.35 亿欧元（约 3250 亿日元），创造了最高纪录。净利润也达到历史最高，比上一年增长 5.4%。虽然我们只能感叹"世界之大，无奇不有"，但是能卖到 2000 万日元以上的汽车看似应该有什么秘诀。

与普通的汽车制造商不同，经营的定位是赛车

意大利的汽车制造商法拉利，是曾经身为赛车手的恩佐·法拉利为了制造赛车而赢得比赛而创立的。它将旧式赛车的性能降低，改造成能够在公路上行驶的汽车，主要面向贵族和富豪以高价销售。对普通人来说，法拉利从一开始就遥不可及。

就算牺牲掉乘坐的舒适感，法拉利也要追求赛车的性能。恩佐·法拉利对本公司在市场上销售的车辆，从来不使用"运动型汽车"这一说法，由此也能看出他的执着。

从会计（计数感觉）的角度考虑，法拉利为了得到制造赛车的资金，把旧式赛车改造成在市场上销售的车辆。为了提升车辆的技术和形象，很多汽车公司进

军顶级汽车赛事F1，而法拉利的动机与此完全相反。这种对赛车的情感是法拉利的定位，是其能以高价出售的资本。

法拉利在F1等汽车赛事上表现活跃，这使得品牌印象得到显著提升，高性能和美观的设计也受到好评。结果，法拉利作为生产具有赛车般高性能的汽车公司，在全世界确立了稳固的地位。

法拉利 vs. 保时捷

让人想与法拉利进行比较的是德国的汽车公司保时捷。保时捷销售的是价值1000万日元以上的高级车。保时捷专注于法拉利避而不用的"运动型汽车"。

保时捷的创始人费里·保时捷曾这样阐述创业理念："小型且轻量，能效卓越的运动型汽车。这是我理想中的汽车，我曾寻找过却没有找到。所以，我决定自己来制造。"（摘自保时捷官网。）保时捷追求"制造完美的运动型汽车"，并且延续至今。

尤其是创业以来，保时捷专门制造双人乘坐的运动型汽车，在狭小的市场中赢得一席之地。保时捷秉持运动型汽车的理念并专注于汽车制造，这是其品牌力量的原点，这点和法拉利相似。

与法拉利不同的是，2000年之后该公司的发展方向。保时捷不仅专注于运动型汽车这一狭小的市场，还获得新顾客，开拓新市场。这就是SUV（sport utility vehicle，运动型多用途汽车）市场。可以想象一下稍微大型的4WD（四轮驱动）汽车。它便于去参加滑雪、冲浪、露营等户外活动时使用。此外，它外观小巧，可以在市区行驶。在日本，很多家庭主妇将它作为购物用车，用途非常广泛。各汽车公司也开始开发2WD（两轮驱动）的小型SUV。

保时捷为开拓新市场开发的SUV是名为"卡宴"的车型。对于卡宴，很多保时捷的老粉丝嘲笑说"那不是保时捷"，但是它作为具有运动型汽车形象的SUV固定下来，并且成为保时捷收益最高的车型。对此，在执笔本书的文稿时，法拉利声明不会进入SUV市场。

从与保时捷的比较和法拉利创业者的理念中，可以看出法拉利制造的汽车注定要高价出售，可以说这是它的宿命吧。

高价却畅销的另一个理由

如上所述，法拉利虽然昂贵却依然畅销，是由创业时期特殊的经营环境造成的。让我们更加深入地看一下。

1. 法拉利销售量的异常性

大家知道法拉利每年的销售量是多少吗？2012年创下的史上最高销售量是7318台。保时捷的销售量是162 145台（2013年）。顺便提一下，位居世界第一的丰田（包含集团旗下的大发工业、日野汽车）的销售量是998万台（2013年）、2014年是1023万台，连续三年世界第一。由此可以看出法拉利的销售量很少。

令人惊讶的是，在法拉利创下史上最高销售纪录的第二年，即2013年，法拉利宣布减少法拉利在中国的销售量，而中国是法拉利销量排行第二的国家。这一举动震惊了世界各地的汽车专业人士。但是，这是法拉利成长战略的一个环节。

受此方针的影响，法拉利2013年的销售量下降为7000台以下（6922台）。但是，正如上文介绍的，2013年的销售额和净利润却创下了最高纪录。

2. 稀少性才是法拉利的价值

时任法拉利主席的卢卡·迪·蒙特泽莫罗在创造最高利润的时候宣布"年销售量不超过7000台"。这是因为如果能卖多少就卖多少，增加销售量会降低法拉利的价值。

其实，在一般的二手车市场，法拉利的价格也很稳定，就算历经10年也几乎不会贬值（尽管普通人不会轻易购买）。

2014年，在美国举行的拍卖会上，1962年款法拉利"250GTO"竟然以3811.5万美元（约45.38亿日元）的价格成交。这完全超越了汽车领域，堪称为珍宝。"不仅仅是销售汽车，还是销售梦想"，这是蒙特泽莫罗的名句，这件事也验证了这句话。

可以根据客户需求定制各种款式，"作为存在于世的汽车，没有相同的法拉利"，正是这种稀有性，才是法拉利的品牌价值所在，也因此法拉利能提升销售价格。

法拉利的这种不讨好顾客的姿态，虽然在普通人看来有些傲慢，但是如果把它理解为提升法拉利价值的策略，应该是能够理解的。

想想看那些位于银座等地方的高端品牌店也同样，店门口站着保安人员，让人感觉不容易入内。如果最初没有决定购买，人们就很难鼓起勇气推门进去。这种氛围是高端品牌店的共同之处。让真正喜欢自家品牌的顾客在店里挑选，才能在店中彰显出品牌的价值。

3. 推测一下每台法拉利的边际利润率（附加价值率）

那么，法拉利的价格是如何构成的，又是如何创造利润的呢？

在此，请大家回想一下有关高级酒店的咖啡的介绍。花费1270日元喝一杯咖啡是因为宽敞的庭园、周到的服务等，与咖啡相比，其实是在消费咖啡店里的氛围。

"销售汽车的同时销售梦想"蒙特泽莫罗的这句话，顾客能够感受得到。因为边际利润率越大，这种倾向越明显。

接下来的内容完全基于我个人的推测。2014年日经新闻关于法拉利的一篇报道，提供了可参考的数据。根据德国某研究中心的调查，每台法拉利的销售利润（2013年）约为24 000欧元（312万日元），销售营业利润率为14%。根据这个数据来推测一下（见图2-8）。

（1）首先计算每台法拉利的平均销售价格：

每台销售利润312万日元 ÷ 销售营业利润率14%= 2229万日元。

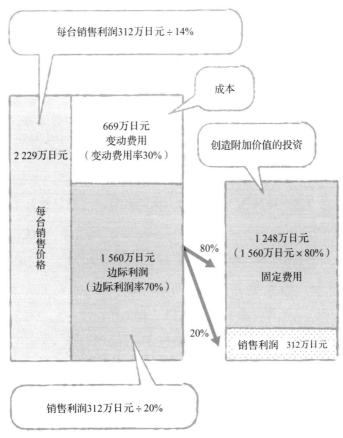

图 2-8 法拉利的成本与附加价值（边际利润）的推测

（2）计算每台法拉利的边际利润：

效益好的企业，通常使用的经验规则是把边际利润（附加价值）80%用于固定费用，20%用于销售利润。用于销售利润的20%，称为资本分配率。所谓资本分配率的资本，指的是股东。因为利润归股东所有，就意味着是股东分配率。

每台销售利润312万日元÷20%=1560万日元，这就是每台法拉利的边际利润。

（3）计算边际利润率（附加价值率）：

1560万日元÷2229万日元=70%，这就是边际利润率。

如此看来，法拉利的成本（变动费用比率）是30%左右，用金额表示是669万日元（=2229万日元×30%）。尽管对材料费等支付了669万日元，但是对固定费用居然投资了1248万日元（=1560万日元×80%）。因此，可以推算出技术能力、服务能力、品牌能力等价值在价格中占据的比例，用附加价值率来表示其占比高达70%。

能够花费如此重金，势必能够制造出与众不同的产品。

第3章 激发顾客购买欲的价格战略

『第二套半价』的心理作用和利润的关系

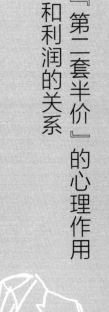

"买两套西装，第二套半价"能赚钱吗

在本章中，我们来看看激发顾客购买欲，进而诱导他们消费的方法。

例如，我们在西服专卖店经常能够看到"买两套西装，第二套半价"的促销广告。如此销售商家能够赚钱吗？大家多多少少会有些疑惑，但实际上，在优惠促销的背后商家已经精打细算过了。

首先，我们就"买两套西装，第二套半价"来分析一下。

当人们看到店面上写有"买两套西装，第二套半价"的宣传海报时，即使原本只想买一套，也会不由得开始纠结是否要买两套。

这种方法在通货紧缩导致物价下跌时尤为常见。青木和青山等西装专卖店和休闲服饰店也多采用这一促销方式。一套38 000日元的西装，第二套半价出售。在经济景气时，价格会稍许上涨，但是大多数商家依旧会采用第二套以优惠价格出售的销售模式。而接下来，便是一场激烈的价格竞争。

那么，在这种情况下商家究竟是怎样赚钱的呢？

如何看待西装的成本

首先有必要确认的是如何看待西装的成本。（如果不清楚这一点，那么是否赚钱就无从知晓了。）

一套西装的成本率大约是 10%。务必透彻理解这 10% 的含义。

经常被人们热议的成本率 10%，与第 2 章中介绍的咖啡成本一样，主要着眼于材料费。这么说更加容易理解。按照这个思路来思考，成本率 10% 表示售价 10 000 日元的廉价西装，材料费仅为 1000 日元。

那么，大型西装专卖店的材料费占销售额的比例是多少呢？如果从大型服装厂的生产成本明细书来推算，在生产成本中材料费占 10% 左右。根据这一数据可以推算西装专卖店的销售额中材料费所占的比例（材料费率）是 4%（见图 3-1）。与售价相比，材料费低得出乎意料。

说到这里，大家也许会想"天啊，商家竟然能赚这么多"，但实际上并非如此。

定 价 即 经 营

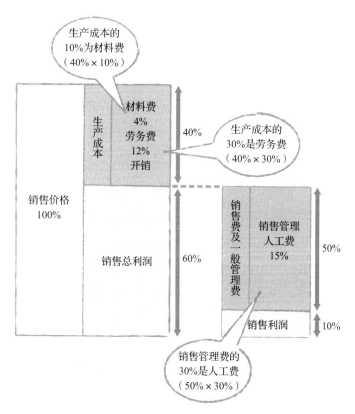

因此，一套1万日元的西装的生产成本是4 000日元，毛利润是6 000日元，扣除销售费和一般管理费，销售利润是1 000日元

图 3-1 西装量贩店的价格构成

这比当初预想的 10% 的成本率要低，是因为材料费之外还需要其他成本费用。也就是说，大型西装专卖店的材料费率 4%，加上制造费用、销售费用以及包含在一般管理费用之内的外协加工费、配送费、包装费、易耗品费等变动费用，这样可以推算出销售额中变动费用的比率（变动费用率）是 10%～15%。因此，街谈巷议的成本率 10%，解释为变动成本率更为贴切。

在会计领域，一般将材料费、劳务费、开销加在一起的生产成本（生产廉价西装所需的成本总和）理解为成本。生产成本占销售价格的 40% 左右（40% 这一数值，是根据上市的大型西装专卖店的销售总利润率＝毛利率低于 60% 推算出来的）。

因为销售总利润，是由销售额（售价）减去生产成本而得出的，所以售价 10 000 日元 – 销售成本 4000 日元 ＝ 销售总利润 6000 日元（售出之后，在财务决算报告中把生产成本标记为销售成本）。售价 10 000 日元的廉价西装，其生产成本为售价的 40%，即 4000 日元，毛利润为 6000 日元（见图 3-1）。

说起成本，有人只考虑材料费（变动费用），但是略懂会计的人，会考虑生产成本（材料费、劳务费、开销的合计）。可是，把企业经营纳入考虑范围之内时，因为能够对盈亏平衡点等进行分析，所以用包括材料费在内的变动费用来考虑是十分重要的。

也就是说，用变动费用来考虑这个西装的例子，就可以看出作为附加价值的边际利润。边际利润率（=100%- 变动费用率10% ～ 15%）为85% ～ 90%。边际利润率就是附加价值率。销售西装和卖咖啡一样，（附加价值率）都达到一个很高的数值。将处于盈利状态下的西装量贩店的销售额经常项目下的利润率视为10%左右的话，固定费用就占据了销售价格的很大比重，达到75% ～ 80%（见图3-2）。尽管价格竞争很激烈，但是为了产生盈余，对西装量贩店来说，保持如此高的边际利润率（85% ～ 90%）是非常必要的。

第二套半价的真正目的是节约固定费用

正如前文所述，为了提高边际利润率（附加价值率），有必要使用固定费用。西装量贩店的边际利润率高达85%，由此可见使用了大量的固定费用。特别是人工费，在固定费用中占据了很大比例。

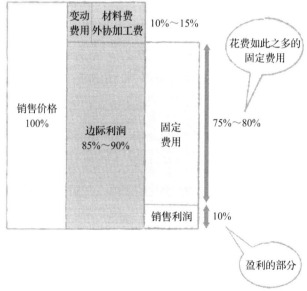

图 3-2 推测西装量贩店的边际利润率

1. 推算一下一套西装中人工费的占比

如图 3-3 所示，生产成本中劳务费占据的比例，很意外仅有 30% 左右（依据大型服装厂的生产成本明细清单进行的推算）。之所以说 30% 很低，是因为在劳动力廉价的东南亚等地进行生产，或者在工厂空闲时委托加工产品以此来降低工资，通过采取这种措施来降低劳务费。

最终，劳务费在销售价格中的比例是 12%（=40%×30%㊀）。销售费用以及一般管理费用中人工费（销售管理人工费）的比例是 30% 左右，所以在销售价格中占据的比例是 15%（=50%×30%㊁）（见图 3-1）。由此，可以推算人工费（劳务费与销售管理人工费的总和）在销售价格中占据的比例是 27%（=12%+15%）左右。

2. 一套西装的盈亏结构

首先，在边际利润率为 85% 的前提下来思考一下（见图 3-4）。

㊀ 销售价格中生产成本所占比例 × 生产成本中劳务费所占比例。
㊁ 销售价格中销售费用和一般管理费用所占比例 × 销售费用和一般管理费用中销售管理人工费所占比例。

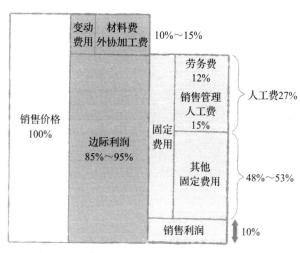

图 3-3 西装量贩店的盈亏结构花费多少人工费

定 价 即 经 营

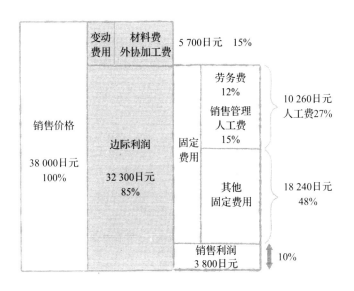

图 3-4　销售一套西装时西装量贩店的盈亏结构

如果一套西装售价为38 000日元,那么材料费与外协加工费等变动费用为5700日元(=38 000日元×15%),边际利润(附加价值)为32 300日元(=38 000日元×85%)。

花费的人工费为10 260日元(=38 000日元×27%),其他固定费用为18 240日元(=38 000日元×48%)。最终,一套38 000日元的西装,其销售利润为3800日元(=38 000日元×10%)。

3. 第二套半价的目的

销售一套38 000日元的西装,需要介绍产品、为修改裤脚等测量尺寸、前往柜台结账、进行包装然后送走顾客。如此接待顾客,就要花费人工费,需要获得32 300日元的边际利润,最终销售利润为3800日元。

如果第二套半价,顾客同时购买两套会如何呢?那第二套就不需要花费待客时间和人工费,其他固定费用也几乎为零(过小的数字在此忽略不计)。

我们来计算一下第二套半价的利润。销售价格为19 000日元。平均每套西装会产生材料费等变动费用5700日元,将其扣除后边际利润为13 300日元。但是,测量尺寸、会计等工作所花费的劳力和时间与第一套相比几乎相同,而且不存在固定费用的支出,所以边际利润（销售利润）不变，维持在 13 300 日元。

也就是说，顾客只购买一套西装时销售利润为 3800 日元，但是通过第二套半价的优惠，一次出售两套西装时，就可以大幅度提高销售利润。此时，销售利润为第一套的 3800 日元与第二套的 13 300 日元的总和，即 17 100 日元（见图 3-5）。如果第三套也半价出售，一次卖出三套西装的话，最终销售利润又会增加 13 300 日元，达到 30 400 日元。

通过这种同时销售的方法，可以节约固定费用，也使得销售效率（人均每小时的边际利润）大幅提升[一]。这才是第二套半价的真正目的。

因为第三套之后也是半价销售，那么大量购买的顾客，对西装量贩店来说，就成了带来盈利的优质顾客。如果你是顾客，购买了三套以上的西装，我认为商家可能会再打折。这是因为商家大幅度地提升了销售利润，而顾客也希望其能够返还一些利润。

大量购买之外，衬衫等模板定制也可以为下次购物提供便利。有了第一次裁剪衣服的纸样，这有助于减少今后购买时花费的劳力和时间。所以，这样也可以产生和"第二套半价"同样的效果。

[一] 人均每小时的边际利润称作人时生产性，是用于衡量零售业卖场效率的指标。

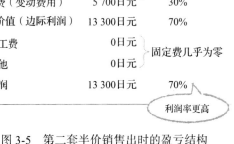

图 3-5 第二套半价销售出时的盈亏结构

固定费用的特性是它的产生与时间成比例。在人工费等固定费用支出较为庞大的服务行业，缩短待客时间和工作时间都能减少固定费用的支出。

根据顾客心理制定价格进而提升销售额的方法

如198日元、1980日元、2980日元、3980日元等，很多价格中都带有数字9和8。这不免让人觉得有些便宜，但是为什么会有这种感觉呢？在此介绍一下根据顾客心理，来设定价格的心理价格设定法的事例。这种方法在市场营销战略中的价格战略（price）里占有重要地位。

用9和8来表示优惠的尾数价格效果

所谓尾数价格，正如刚刚提到的，用数字9或8来设定带有零头的价格，通过降低数位使人感到优惠，以此来促进销售。

1. 通过变化位数产生良好效果

例如，将100 000日元的皮包定价为98 800日元，有没有一种比实际降价的差额还要便宜的感觉。实际上仅仅便宜了1.2%（1200日元÷100 000日元），但是从100 000的数位下调至10 000的数位，让人觉得相差了10 000日元。要是冷静思考一下当然会明白是怎么回事，但是当人面对自己十分想要的东西时却很难冷静下来。

2. 经常使用数字"8"的理由

去食品超市的店门口，目光大致一扫就会注意到，货架上八成商品使用了带有9和8的尾数价格。鸡胸肉58日元/100克，竹荚鱼128日元/条，炸牡蛎七个398日元，萝卜98日元/根。可以发现在这些数字中使用较多的不是9，而是8。

例如，将100日元的商品定价为99日元和98日元，给人的感觉是不同的。然而，在沃尔玛旗下的西友超市，经常能看到999日元、9999日元这种强调数字9的标价。在美国使用数字9是主流，所以在沃尔玛旗下的折扣店中经常能够看到。而在日本，数字"8"用汉字书写为"八"，由于底部宽寓意吉祥，因此有人认为日本人喜欢数字8。

标价为98日元，付款时拿出100日元的硬币还能找回2日元，所以让人感觉便宜。相反，如果定价为102日元，付款时不仅要拿出100日元还要再拿出2日元才够，就感觉贵了2日元。如果加上消费税，之前在价格上所下的功夫就前功尽弃了，可就算明白这一点还是会这样做，这在心理上叫作尾数价格效果。

最近，在一家食品超市的每日特价商品区的广告上可以看到，星期一两盒朴蕈88日元，星期二两盒滑子菇88日元，星期三一袋菠菜88日元，可见数字8备受重用。

3. 在网络销售和电视销售中收效甚微

网络销售中虽然也会使用尾数价格，但是其效果却不显著。由于网络购物无法将实物拿在手中，消费者会对商品的品质是否与价格相符产生疑问。加上有足够思考的时间，这就大大减少了在实体店中那种纠结的情况。

和网络销售一样，难以产生尾数价格效果的情况也体现在电视销售中。在商品介绍结束之后，商家会给30分钟内下单的顾客限定优惠，或是实时播报购买数据，依靠这些方法促使顾客尽快决定购买。

为什么选择竹鳗鱼饭

在东京的购物中心里面有一家蒲烧鳗鱼的老字号店铺，菜单上写着松鳗鱼饭 3000 日元、竹鳗鱼饭 2400 日元、梅鳗鱼饭 2000 日元。最近鳗鱼价格上涨，但偶尔还是会想吃。

进去之后，您想要哪种鳗鱼饭呢？据说有一半顾客会选择价格居中的竹鳗鱼饭。我也同样。实验结果表明，点松、竹、梅鳗鱼饭的比例大约是 3∶5∶2。

根据内容的不同，分为几个等级设定的价格称为阶段价格。寿司、天妇罗和炸猪排店常采用这种定价方式。可以称其为松竹梅战略。

利用这种选择中间价格的倾向，使得销售额提升成为可能。

在"特色便当"中曾经只卖一种演出幕间便当，但是为了提升销售额，从 2019 年 9 月开始种类增加为三种，分别是 450 日元的普通便当、490 日元的高级便当、690 日元的特级便当。最终，中间价位的 490 日元的"高级幕间便当"销量最好。通过增加便当的种类，顾客有了一个选择商品的基准，所以顾客会选择价格中档的"高级幕间便当"。

像这样阶段性地设定价格（阶段价格），划出一定的范围（框架），可以引导消费者进行选择。这就是框架效应。

这是一种提高销售单价的有效方法。

均价 100 日元能够盈利的理由

大家看到过均价 100 日元的销售方法吧？一般将其称作均一定价策略，是市场营销的一种方法。给不同成本率的商品均一定价，能让顾客感到放心并且觉得价格低，是提升销售额的价格策略。

1. 7-11 便利店推出"饭团和寿司优惠价 100 日元"的目的

7-11 便利店推出的"饭团和寿司优惠价 100 日元"的促销活动，就是均价 100 日元促销的一个好例子。这一活动是在限定的时间内，将平时店内销售的含税不到 160 日元（不含税 149 日元）的饭团和寿司，以含税 100 日元（不含税 93 日元）的价格出售。而且，还会把含税 160 日元（不含税 149 日元）以上的饭团和寿司，以 150 日元（不含税 139 日元）销售。

这样做的目的是增加顾客的数量。7-11 便利店每年通过多次开展"饭团和寿司优惠价100日元"的均一价格促销活动,来刺激消费者光顾,增加来店频率,最终谋求顾客数量的增加。

也许大家会觉得在这种均价100日元的促销活动中,畅销商品只有那些平时售价160日元令人望而却步的饭团,但是实际上,平时售价110日元的海苔酱、金枪鱼蛋黄酱、海带等基本必需品的销量也十分走俏。比如平时经常购买面包的顾客,当看到今天的饭团很便宜,也会一同购买。据统计,在促销期间关联商品的销售额达到平时的1.5倍。

110日元的饭团如果卖100日元的话,相当于优惠10%。但是较之"饭团优惠10%"的销售宣传,100日元均价的促销方法更易懂,也更有促销效果。这也是框架效应的一种。因为将平时售价100日元以上的饭团和寿司统一定价为100日元,会让人感觉很便宜。

2. 百元店与7-11的100日元均价的不同

7-11推出的"饭团和寿司优惠价100日元"的价格策略,是基于便利店的经营策略开展的市场营销策略。

便利店的战略定位(经营策略)是为附近消费者

（顾客）提供便利性（需求），适合可以随时就近购物的长时间营业的小型商店。因为商圈非常狭小，所以老顾客回购频率与销售额的提升息息相关。

相反，以大创和 CAN DO 等为代表的百元店，则是将均价 100 日元作为一种经营策略。大创对自己的定位是"家庭主妇用 500 日元就可以畅玩 30 分钟的休闲乐园"，把主妇作为主要的目标消费群体。仅从这个战略定位就可以看出，其定位不是零售业，而是服务性质的行业。据统计，实际上顾客在店内停留 30 分钟，平均消费 500 日元。

3. 成功经营百元店的必要条件是什么

那么成功经营百元店，需要哪些必要条件呢？

因为大创不是上市公司，所以我们调查的是上市公司 CAN DO。该公司的销售总利润率为 36.7%（2014 年 11 月的单体公司结算数据）。在全公司的销售额中，面向加盟店的批发商品的销售额占 12.8%，因此可以推测面向直营店的零售商品的销售额，其销售总利润率会稍高一些。假设批发的销售总利润率为 10%，那么可以计算出直营店的零售店铺的销售总利润率为 40.6%（见图 3-6）。

	A	B	A×B	(A×B)的构成比
	销售总利润率	销售额构成比		贡献度
直营店的零售销售额	40.6%	87.2%	35.4%	96.5%
向特许经营加盟店批发	10.0%	12.8%	1.3%	3.5%
CAN DO 全公司	36.7%	100.0%	36.7% →	100.0%

2004年11月数据（单体公司）

---

① 批发的销售总利润率10% × 销售额构成比12.8% ≈ 1.3%
② 全公司的销售总利润率36.7% − ①1.3% = 35.4%
③ 由此，可以在下列计算中，求出直营店（零售）的销售总利润率40.6%
　②35.4% ÷ 销售额构成比87.2% = 40.6%

图3-6　推算CAN DO直营店的销售总利润率

注：1. 直营店与特许经营加盟店的销售总利润率为推算值。
　　2. 将36.7%视为100%得出构成比后，可以看出对销售总利润率的贡献度。直营店对全公司的销售总利润率贡献了96.5%。

图 3-6 的下方阐述了计算过程和思路。

40.6% 的销售总利润率,对零售业来说是一个相当大的数字。由此可以得知百元店出售的商品成本率约为 60%。也就是说,可以推算出百元店商品的平均进货成本为 60 日元左右。

销售管理费用率(＝销售费用和一般管理费用÷销售额)为 34%,销售营业利润率为 2.7%。在销售费用和一般管理费用中,占比较大的成本是人工费、土地使用费和房租。相对于销售额,人工费占 15.1%,土地使用费和房租占 11.1%。这两项在销售管理费用中占 77%[＝(15.1%+11.1%)÷34.0%]。这些成本关系到百元店的经营策略能否成功。

从这些数据可以看出市场营销策略的三个要点。

第一是为提高销售总利润率额而削减进货成本的策略。详细内容已经介绍过,这里不再赘述。第二是人工费。根据工作日、休息日以及不同时间段的客流量来有效安排工作人员。而且,应该采取相关措施提高员工的工作热情。因为雇用的临时员工较多,所以要考虑改善雇用条件,提供转正的机会。第三是土地使用费和房租。因为选址会对业绩产生影响,所以一定要确保新店的地理位置较好。由此可知,对以上三点进行必要性的投资经营，才是百元店提升销售利润的关键。

银座的牛肉饭专卖店即使涨价也没关系吗

大家有没有这种经历？听人说"那家店很好吃"，但是去吃过之后却觉得并不好吃。这是因为"好吃"这个词给人一个先入为主的标准，期待值会上升，可是实际品尝之后，一旦没有达到期待值，就会觉得"很失望，不好吃"。我自己也有类似的体验。当时去了一家拉面连锁店，看到手写的 POP（point of purchase advertising，下单推荐小贴士）广告上写着"世界第一好吃的杏仁豆腐"，便点了一份，可是味道却很普通。如果没写"世界第一"，可能我还会觉得它很美味。

就像这个例子一样，最初获得的信息会对之后得到的信息产生影响，这叫作锚定效应。锚指的是船锚。在岸边停船时，把拴有绳索的船锚抛向大海，船锚沉入海底的沙土中，便可以稳定船体，使船在海面的一定范围内停留。将这种使之停留的作用转换为人的心理，便产生了锚定效应。

把锚定效应用在价格上非常有效。我在位于银座的品牌店的橱窗前，看到里面摆放着标价100 000日元、200 000日元的名牌商品时，发现一个举着写有5250

日元广告牌的人在品牌店前做宣传。这是位于银座街道的一家箱包店的广告。只有在这个时候,才会让人觉得这个包很便宜。我之所以会产生这样的感觉,是因为将其与名牌商品的价格进行了比较。如果去普通商业区的洋货铺看看,这不过是一般价格罢了。这也是锚定效应。如果想要买包的话,便会不知不觉走进箱包店吧。

在这家店铺的官网上,写着"在日常的舞台上,做最闪耀的自己"的宣传标语,同时用红线划掉了建议零售价 26 250 日元,在旁边写着 5250 日元。这样将原价一并展示的方法,可以说是为了发挥锚定效应。冷静思考一下应该没有人以原价购买,这样就不会冲动购物了,但是往往事与愿违。

话说回来,我们的话题是牛肉饭涨价,但是我记得在银座的街道上看到吉野家的时候,自己早已把"涨价"这个词抛之脑后了。

廉价而赚钱的 PB 商品的结构

PB(private brand)商品是自有品牌商品,是零售业和批发业的商家进行自主研发和销售(委托制造商来生产）的商品。永旺的 TOPVALU、Seven&i 控股公司的 SEVEN PREMIUM 等都是知名品牌。PB 与由制造商研发和生产的 NB（national brand，全国品牌）相对应。

在零售商店中，自有品牌商品指不胜屈。这里面蕴含着赚钱的策略。让我们一起去寻找其中的秘诀。

探寻 PB 商品的起源：为什么产生

PB 商品的历史，最早可以追溯到 20 世纪 60 年代。那是一个制造商实力雄厚的时代。当时依靠薄利多销而发展起来的大荣公司创始人中内功先生认为"打造廉价销售企划的，不应该是制造商，零售商应该掌握价格决定权"。

1964 年，大荣公司以优惠 20% 的价格销售松下电器（现在的 Panasonic）的产品，该价格大幅超越松下电器允许的优惠 15% 的价格，因此松下电器停止向大荣公司供货。大荣公司以此为由，最终以违反禁止垄断法对松下电器提起诉讼。

大荣公司于 1970 年开始销售作为 PB 商品的 13 英寸的彩电"BUBU"，销售价格为 59 800 日元。该价格比大型制造商研发制造的同类产品低 40%。当时还出现了"价格破坏"这个流行语。

当时，虽然百货商场和超市都竞相开发PB商品，但是消费者对制造商的商品（NB商品）的信赖根深蒂固，而PB商品被认为"便宜劣质"而未能普及。在这种潮流盛行的1980年，西友公司的PB商品，也是大家熟知的"无印良品"诞生了。正如无印良品的宣传口号"有理由（无品牌溢价）的便宜"，作为品质优良的PB商品，它助推了现今PB商品的发展。

最近的PB热潮开始于2006年。石油价格暴涨导致NB商品价格上升，以及雷曼事件等金融危机导致通货紧缩（物价持续下降），在这些压力之下，消费者增强了购买廉价商品的意向和节约意识。这带来了林林总总的PB商品陈列在零售商店的繁荣景象。

不仅是便宜，流通中需要PB商品的理由

企业引入自有品牌商品的理由是什么呢？

第一，是廉价。为什么价格低廉呢？

生产PB商品的制造商，可以下调生产成本（材料费、劳务费、开销的合计）。这样在工厂的淡季也能确保一定的产量，提升工厂整体的开工率。因此，可以降低生产每件产品的固定费用，生产成本也相应下降。

另外，产品在流通方面全部签订买入合同，对制造商来说，可以消除产品积压的风险，而且没有废弃损失，可以降低生产成本（相关内容在第4章第3节中也有介绍）。

此外，制造商不用在广告宣传和产品推广上投入资金，可以减少销售费用和一般管理费用，从而降低总成本（生产成本、销售费用和一般管理费之和）。如此一来，可以把总成本加上销售利润之后的销售价格设定得较低（见图3-7）。

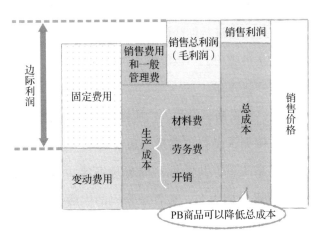

图3-7　制造商的产品（每件产品）成本结构

第二,是能得到很高的毛利率(销售总利润率)。

通常认为 PB 商品的销售总利润率(毛利率)比 NB 商品高 10%～15%。在销售额为 1000 亿日元的公司,如果 PB 商品的销售额构成比为 10%(PB 商品销售额 100 亿日元),那么在销售总利润相同的基准下,就会产生 5 亿～10 亿日元的差额。假设销售总利润的 20% 为销售利润,那么销售利润的差额为 1 亿～2 亿日元,因此 PB 商品的利润贡献度不可忽视。

第三,进行策划的是掌握很多消费者信息的流通环节(零售商和批发商),针对那些对 NB 商品感到不满的顾客,可以随时应对顾客的需求。成为 7-11 便利店热销产品的金色面包(Seven Gold)就是一个很好的例子,是对顾客的需求进行彻底研究之后,生产的高附加值商品。一旦获得成功,不仅能够获得顾客的好评,还有可能获得更多新顾客。

第四,零售商是策划人,所以在促销活动中可以独树一帜。例如,民营铁路系统超市的八大公司(东急、小田急、京王等)共同推出的 V 标商品(value plus),以 V 标感恩促销为名,在各家公司的店面举行商品券的抽奖宣传活动。

虽然优点不胜枚举,但是一旦出现问题,流通环节需要面对解释说明、进行应对的风险。

另外，对制造商来说，生产 PB 商品会与自家产品形成竞争，因此，以大型制造业为中心，拒绝委托生产 PB 商品的情况也屡见不鲜。

PB 商品价格优惠、利润率上升的理由

下面通过变动成本、固定费用、边际利润来进行说明（见图 3-8）。

1. 产品在进入零售之前的过程中产生的利润

那么，实际上会产生多少利润呢？让我们用数字来看一下。

图 3-8 表示的是制造商的产品（NB 商品）在批发、零售的过程中，必须支出的主要成本明细。

首先，制造商的价格结构如图 3-8 左边所示。

制造商的生产成本为 80 日元 [=①材料费 35 日元 + ③劳务费 30 日元 + 成本开销（②外协加工费 10 日元 + ④设备费 5 日元）]。由此销售总利润为 20 日元（= 制造商销售价格 100 日元 − 生产成本 80 日元），制造商的边际利润 55 日元大于销售总利润 20 日元。边际利润用附加价值来表示。制造商的附加价值要大于销售总利润，销售总利润可以通过决算报告来确认。

定价即经营

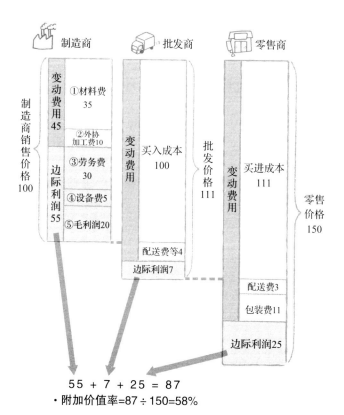

图 3-8 制造商的产品（NB 商品）交付给消费者之前的成本结构（单位：日元）

在批发过程中,制造商的销售价格为 100 日元,即买入成本。变动费用由来自制造商的买入成本 100 日元和配送费等 4 日元构成,再加上边际利润 7 日元,以 111 日元的批发价格卖给零售商。

在零售过程中,作为变动费用的是买入成本 111 日元、配送费 3 日元,包装费 11 日元,加上边际利润 25 日元,最终以 150 日元的零售价格向消费者销售。

150 日元的商品,其业界整体的附加价值(边际利润)为 87 日元(=55 日元 +7 日元 +25 日元),附加价值占零售销售额的比例为 58%(=87 日元 ÷150 日元)。也就是说,产生了占零售价格 58% 的附加价值。PB 商品可以将这一附加价值(边际利润)分享给零售商和制造商,所以零售商可以获得比 NB 商品更高的附加价值。这也是零售商选择销售 PB 商品的原因。与此同时,消费者还能以优惠的价格买到与 NB 商品同等质量甚至质量更好的商品。下面来对此进行说明。

2. 分析 PB 商品的边际利润率

接下来,我们一起来看看 PB 商品和 NB 商品在利润结构上的不同。

图 3-9 的左侧是将图 3-8 总括成一个变动盈亏分析

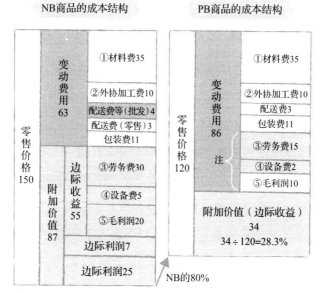

图 3-9 比较 NB 商品和 PB 商品的成本结构（单位：日元）

注：承接厂商因为量产效果等因素，导致劳务费和设备费降低。加之没有销售费，所以要求支付的毛利润也相对较低。

报告（拆分为变动费用和固定费用的盈亏分析报告），展示了业界整体（包含制造商、批发商、零售商）的成本结构，即NB商品的成本结构。右侧是研发PB商品时的成本结构。

NB商品的销售价格是150日元，那么设定PB商品的价格为NB商品的80%即120日元。委托厂商制造PB商品时，必要的成本支出有①材料费35日元、②外协加工费10日元、零售过程中产生的配送费3日元、包装费11日元。此外，PB商品节省了批发配送费4日元。只是作为代工费，需要向承接厂商追加支付③劳务费15日元、④设备费2日元、⑤毛利润10日元，合计27日元。最终的总和（变动费用）为86日元。

由此可以看出，接受委托的制造商依靠量产效果（通过大量生产降低固定费用），使得劳务费、设备费（严格来说是设备费向PB商品的转嫁额）低于NB商品。而且，制造商不必进行促销，与生产NB商品相比，可以要求零售商支付较少的价格。这就是⑤毛利润变小的原因。

因此，PB商品的销售价格为120日元，固定费用为86日元，边际利润为34日元，边际利润率为28.3%（=34日元÷120日元）。

下面我们一起看看表示零售过程的图3-10。在销售NB商品的零售店，买入成本为111日元，配送费为3日元，包装费为11日元，这些都是变动费用，边际利润为25日元，边际利润率为16.7%（=25日元÷150日元）。但是零售店可以通过销售PB商品，使边际利润率从16.7%提高到28.3%。这就是实现PB商品低价格、高附加价值的思路。关键是通过量产效果降低了承接厂商的固定费用，由此零售商的买入价格下降而形成低价格，而且没有批发过程中配送费的产生，便提高了边际利润率，零售店的盈利也随之增加。这样便可以向消费者提供在品味和性能上与NB商品同等甚至优于NB商品的高附加价值商品。

图3-11是以通常情况下的销售总利润为基础对图3-10进行计算和修改而成的内容。NB商品和PB商品同样，扣除买入成本（销售成本）后得到的是销售总利润。NB商品的销售总利润率为26%，PB商品为40%，远远高于NB商品。因为公开发布的财务决算报告是销售总利润的基础，因此26%和40%理解起来也许更容易一些。但是，边际利润作为表示附加价值的指标，在经营分析时不可或缺，而且它还可以用于盈亏平衡点的分析。请大家一定要理解边际利润这种思考方法。

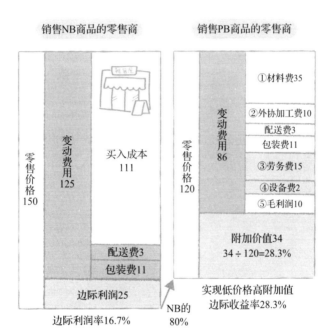

图 3-10　PB 的零售价格可以比 NB 商品更低（单位：日元）

定 价 即 经 营

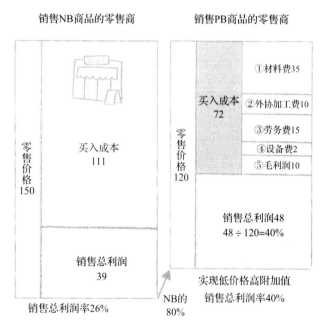

图 3-11　PB 商品的销售总利润率大于 NB 商品（单位：日元）

现金折扣和积分返还，哪个更划算

很多店铺通过积分返还来争夺顾客。购物的时候被问到"您有积分卡吗"，然后就开始翻找钱包，你是否有过这种经历呢？为此，支持用手机进行会员登录的商家逐渐增多。这样即使忘记带会员卡，也可以在会员账户上积分。以前购买家电等大型物品时，在店内进行现金交易和讨价还价是理所当然的，而现在是一个由兑换返还率来选择购物的时代。

积分究竟对谁有利呢？

拘泥于现金折扣的 K's Denki

由日本乐队 The Drifters 出演的 K's Denki 的广告中，大家听过这句广告语吗？

"积分返还有时限，现金折扣当场兑现！"

这句话充分表现出积分返还和现金折扣的不同。当许多家电量贩店就积分返还率展开竞争时，拘泥于现金折扣的 K's Denki 带来些许新鲜感。

为什么要拘泥于现金折扣呢？在此介绍一下该公司董事长在官网上的致辞："与其将用途有限的积分存到会员卡中，把优惠下来的钱留在顾客的钱包里不是更好吗?"也就是说,如果获得积分,就需要再次去店里购物。而现金折扣,不仅可以节省劳力和时间,顾客用手头省下来的钱还能去星巴克喝一杯咖啡。

如果还是不能理解,就请思考下面的问题。

"百货店的 10 000 日元商品代金券和 10 000 日元现金,你会选择哪个呢?"

只要不是特意唱反调,大家就都会选择 10 000 日元现金吧。最终,顾客还是更喜欢能把钱留在钱包里的现金折扣。

计算一下积分返还和现金折扣的盈亏

那么,实际上哪个更划算呢?

假设购买一个 100 000 日元的商品。积分返还率和优惠率都是 15%。试想一下在同一家商店购物的情况。

1. 使用返还积分购物的情况

积分购物时,支付 100 000 日元,可以获得相当于 15 000 日元的积分。过几天使用 15 000 积分,购买价值 15 000 日元的商品,支出为 0 日元。结果,相当于用 100 000 日元购买了价值 115 000 日元的商品。也就是说,降价金额为 15 000 元(=115 000 日元 −100 000

日元），所以降价率（优惠率）为 15 000 日元 ÷ 100 000 日元，即 15%。

2. 在现金折扣店购物的情况

与使用积分的条件相同，试试看使用现金折扣购物。使用现金折扣时，购买 100 000 日元的商品需要支付 85 000 日元（=100 000 日元 × 0.85）。过几天，购买一个价值 15 000 日元的商品，在同一家商店优惠 15% 之后，需要支付 12 750 日元。

在现金折扣的情况下，相当于用 97 750 日元（=85 000 日元 +12 750 日元）购买了价值 115 000 日元的商品。也就是说，降价额为 17 250 日元（=115 000 日元 -97 750 日元），所以降价率（优惠率）为 17 250 日元 ÷ 97 750 日元，即 17.6%。

再用支付基准来考虑一下。积分返还时，支付了 100 000 日元。现金折扣时，支付了 97 750 日元。现金折扣可以为钱包留住 2250 日元（=100 000 日元 -97 750 日元）。2250 日元足够去奢侈地大吃一顿了。

之所以会产生 2250 日元的差额，是因为用积分兑换 15 000 日元的商品时，没有返还积分。支付为 0 日元，让人感觉很划算，但实际上 15 000 日元的商品金额,已经提前支付过了。这其实是一个陷阱,当使用提前支付的钱(积分)购物时,积分并没有返还。

如此看来,即使使用盈亏计算,还是现金折扣比积分返还更划算。

相反,对于商家而言,积分返还的确很划算,但如果重视顾客的话,应该会选择现金折扣吧。很多店铺首先会问顾客"您要积累积分吗",现在是不是知道其中的理由了?

第4章 价格竞争背后的赚钱方法

建立竞争优势的「自助式乌冬面店」的经营策略

定价 即 经营

饭团是自助式乌冬面店提升利润的关键

牛肉饭、乌冬面、快餐……就餐方便快捷的快餐业，可以说是一个价格竞争激烈的行业。但是，仅仅依靠价格优惠是无法盈利的。让我们来看一下廉价背后的经营策略。

有一次午饭时间，我顺路去了一家位于首都圈郊外的乌冬面店。停车场里有一位年轻的引导员，看起来像勤工俭学的学生，还有几辆车在排队等候着。等了一会儿，我驾车驶进了一个能停20多辆车的大型停车场。这里就是乘"和食"热潮之势发展起来的自助式乌冬面店——丸龟制面。

执着于"刚做好"

进店后看到排着15人的长队后你立刻就会明白，丸龟制面和东京市中心以及车站附近的乌冬面店的不同之处。

店铺入口处特意放置着一台制面机。在此处做好乌冬面后，立刻拿到旁边去煮，整个过程使用秒表计时，进行精确管理。简而言之，就是将其致力于"刚制成、刚煮好、刚浸过"的"刚做好"的理念完美地展现给顾客。这作为店内的宣传宗旨（instore promotion）是非常重要的。虽然在经营效率上存在问题，但是丸龟制面的目标客层是想品尝"现做现吃的美味"的顾客。

我问正在煮乌冬面的阿婆："大约多久能煮好？"她大声地告诉大家："还有两分钟就煮好啦！"煮面时升腾起来的白色蒸汽，仿佛化身为食欲的催化剂。

在柜台处，可以选择锅捞乌冬面、清汤乌冬面、浓汁乌冬面、蘸面等不同口味的乌冬面。我选择的是锅捞蛋拌乌冬面，就是在刚煮熟的滚烫的乌冬面上加一个生鸡蛋。然后，服务员问我："鸡蛋是盖在上面，还是和面搅拌在一起？"我接着问道："哪种更好吃呢？"服务员建议："搅拌在一起，口感更加醇厚。"可见，他们能够和客户积极地沟通。

我心想："这和星巴克的市场营销战略一样啊。"

在柜台前摆放着天妇罗等配菜。我试着说了一句："我想要刚炸好的。"店员便立刻答复道："您稍等片刻，马上炸好。"我看到油炸蔬菜的分量很足，想必颇受欢迎。于是，我点了炸竹笋和炸南瓜天妇罗。

在柜台的末端，摆放着油炸豆腐寿司和饭团。一位阿婆对我说："来一个刚做好的饭团怎么样？"我便下意识地在盘子里放了一个。最后是收银员等待顾客结账。水和茶是自取的，然后便可以入座，浇上专用的佐料汤就可以享用了。

通过在顾客面前制作乌冬面，将"手工制作的感觉""刚做好的感觉""令人安心的感觉"作为卖点，店员与顾客之间的交流间接提升了销售额。

如果只看单价，280～500日元的价格比街边的乌冬面店要低，店里有制面过程的展示，还要花费人工费，那么，丸龟制面究竟从哪里获利呢？

自助式乌冬面店如何赚钱

我们使用丸龟制面这种自助式乌冬面店的经营数据（见图4-1），来思考一下盈利策略。

判断是否"盈利"，毋庸置疑要看的是"盈亏平衡点"。计算方法如图4-1所示，盈亏平衡点的销售额是691.11万日元。

那么，假设你现在是丸龟制面的店长，请你站在店长的立场思考下面的问题。

- 预计客单价为450日元
  （客单价指对每位顾客进行销售的平均销售额）

- 客单价（每份）的变动费用
  原材料费用120日元、消耗品费15日元、水电燃气费35日元
  （消耗品指餐桌上供客人使用的调味料、茶水、纸巾等）

- 其他固定费用
  人工费250万日元/月、店铺设备费等180万日元/月

- 一个月能够生产和销售乌冬面17 000份

（1）一个月的固定费用总额
   人工费250万日元+店铺设备费等180万日元=430万日元

（2）客单价（每份）的边际利润
   客单价450日元−每份变动费用170日元（=120日元+15日元+35日元）=280日元

（3）盈亏平衡点的销售量（月）
   需要销售多少才能赚取与固定费用430万日元相当的边际利润？
   固定费用430万日元=盈亏平衡点的销售量×每份客单价的边际利润280日元
   盈亏平衡点的销售量=430万日元÷280日元≈15 358份

因此，盈亏平衡点的销售额=15 358份×客单价450日元
                =691.11万日元

图 4-1 自助式乌冬面店的经营数据（月）

前期的一个月平均销售利润为 29 万日元，把销售利润上涨 10%，即 32 万日元（≈ 29 万日元 × 1.1）作为目标。那么平均一个月需要销售多少呢（见图 4-2）？

1. 首先，要赚取多少边际利润

在这种情况下，要赚取的边际利润可以设定为固定费用 430 万日元和销售利润 32 万日元的总和，即 462 万日元。

2. 计算一下为了获得利润，要卖出多少份

将每份客单价的边际利润 280 日元进行累计，计算出能够达到 462 万日元的数量即可。因此：

- 应该赚取的边际利润 462 万日元 ÷ 280 日元 = 16 500 份。
- 一个月的目标销售额（预算）为 742.5 万日元（=16 500 份 × 客单价 450 日元）。

3. 确认盈亏平衡点比率和安全边际率

最后，用这个方法确认一下销售额是否在稳步提升。

通过盈亏平衡点分析确认之后，使用安全边际率来看一下销售额是否有富余。

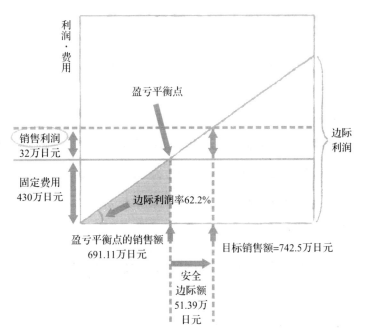

- 销售多少份才能赚取462万日元（固定费用430万日元+销售利润32万日元）

  462万日元÷客单价的边际利润280日元=16 500份

- 一个月的目标销售额

  16 500份×客单价450日元=742.5万日元

图 4-2　销售利润达到 32 万日元时的边际利润图

盈亏平衡点的销售额（A）691.11万日元占目标销售额（B）的比例为盈亏平衡点比率。在这个例子中为93.1%（=691.11万日元÷742.5万日元）。这个数值越小越好。因为目标是90%以下，所以93.1%存在一些问题。这一点也可以通过安全边际率来确认。

（B）-（A）是安全边际额（51.39万日元），安全边际额在目标销售额中所占的比例为安全边际率，也就是6.9%（=100%-93.1%）。对目标销售额（月）来说超过6.9%的话，就意味着销售额下降就会出现赤字。安全边际率和盈亏平衡点比率相反，数值越大越好，至少要达到10%以上。

4. 制作变动盈亏分析报告来看整体情况

图4-3是这家乌冬面店的变动盈亏分析报告。

首先，销售营业利润率（＝销售利润÷销售额）为4.3%。可以的话，希望能提高到10%。

来看一下生产和销售的限度量（月）。限度量为17 000份，目标销售数量（月）为16 500份，可以看出还有富余。如果能够销售这部分份额，就有可能改善利润率。

劳动分配率（＝人工费÷边际利润）为54.1%，略

```
             客单价
销售额      742.5万日元（450日元×16 500份）
△变动费用   280.5万日元（170日元×16 500份）

边际利润    462万日元   100%（边际利润率 62.2%）

△固定费用  430万日元

人工费      250万日元   54.1%（劳动分配率）
店铺设备费等 180万日元

销售利润    32万日元

（销售营业利润率4.3%）
```

图 4-3　自助式乌冬面店的变动盈亏分析报告

微偏高。这个数值，也希望能调至 50% 以下。

然而，说起下调劳动分配率，容易联想到削减人工费，但是如此一来作为分母的边际利润（附加价值）也会下降。这是因为员工的干劲会下降，会听到有人说"人这么少难以工作！"

倒不如提高 10% 的边际利润，如此一来如果能把人工费上调 5%，劳动分配率就会下降，人工费就提升了，那么员工和公司皆大欢喜。只看数字容易受到局限，其实这就是所谓的下调劳动分配率。你们的公司也是这样做的吗？

那么,使销售营业利润率达到10%,需要多少销售量(月)

在此,我们发现了希望销售营业利润率达到10%这一问题(见图4-4)。

那么,我们计算一下,要销售多少才能达到这一利润率。

首先,思考一下"客单价450日元(销售额)的10%成为销售利润"将会如何。

客单价450日元×10%=45日元。由客单价450日

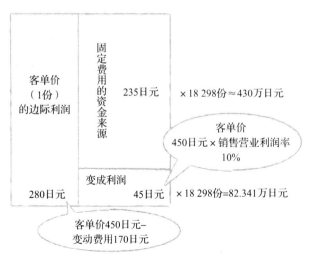

图4-4 为确保销售营业利润率为10%

元产生的边际利润为 280 日元（边际利润不仅是支付固定费用的资金来源，也可以成为利润）。为了使这 10% 成为销售利润，要计算其他部分。

能够用来支付固定费用的边际利润，是从边际利润中扣除预想的销售利润，即 280 日元 −45 日元 =235 日元。

固定费用是 430 万日元，固定费用 430 万日元 ÷235 日元 =18 297.8 份≈ 18 298 份，即销售 18 298 份即可。

如此一来，从客单价 450 日元产生的边际利润 280 日元，其中 235 日元用于支付固定费用，45 日元成为利润。因此，如果销售 18 298 份，就能获得 82.341 万日元（=18 298 份 ×45 日元）的销售利润。也许有些难以理解，但是这种思路对制订利润计划大有帮助。

问题是生产和销售的限度为 17 000 份 / 月，18 298 份超过了该限度。从现在的成本结构（变动费用、固定费用）来看，销售营业利润率无法达到 10%。因此必须选择是要提高客单价，或是下调变动费用率（每份的变动费用与此相同），还是削减固定费用。

为了增加生产和销售量，也可以考虑增加设备投资（增加人员、增加设备等），但由于短期内很难实现，在此不做分析。

以客单价 500 日元为目标！提升客单价之战

在取餐柜台的最后一个环节，让我们通过提供刚做好的饭团来模拟一下提升客单价的作战策略（这是自助式乌冬面店的关键）。

在丸龟制面店里，员工积极地和顾客交流，尽量让顾客多购买一样菜品，以此来提高客单价。所以，在取餐柜台的最后，推荐顾客购买刚做好的饭团，实现了月销售利润 82 万日元。这个策略是将月销售量控制在 16 000 份，同时使其中的一半（8000 份）购买一个饭团。

1. 饭团的价格设定为多少合适

（1）计算应该赚取的边际利润：

需要赚取的边际利润为固定费用 430 万日元 + 销售利润 82 万日元 =512 万日元（月）。因为其中的 8000 份是"没有饭团的乌冬面"，所以客单价为 450 日元（边际利润 280 日元）。根据 280 日元 ×8000 份来计算，可以确保 224 万日元的边际利润。

因此，余额 288 万日元（=512 万日元 –224 万日元），是由"销售饭团"获得的。

（2）计算销售饭团时每份的边际利润：

要想从带有饭团的 8000 份套餐中赚取 288 万日

元,每份的边际利润可以设定为360日元(=288万日元÷8000份)。

(3)计算饭团加乌冬面套餐的客单价:

选择饭团加乌冬面套餐的顾客,在付款时要支付天妇罗配菜加上饭团的金额。

饭团的材料费20日元、乌冬面的变动费用170日元,再加上边际利润360日元,一共是550日元,也就是购买饭团加乌冬面套餐的顾客的客单价。

(4)那么饭团的价格是多少呢?

购买饭团加乌冬面套餐的顾客的客单价550日元－单点乌冬面的顾客的客单价450日元＝一个饭团的价格100日元。

2. 出售套餐的绝妙之处

图4-5是销售饭团加乌冬面套餐的变动盈亏分析报告。

整体的客单价从450日元提升至500日元。只需支付一份费用就可以吃到刚做好的乌冬面和天妇罗,还有热乎乎的饭团(丸龟制面店里还有油炸豆腐寿司),这让紧握钱包的手也忍不住松一松了。

从数字上来看,客单价450元的边际利润率是62.2%。

定 价 即 经 营

变动盈亏分析报告

	客单价	
销售额	800万日元（500日元×16 000份）	饭团&乌冬面客单价500日元
	360万日元（450日元×8 000份）	
	440万日元（550日元×8 000份）	饭团&乌冬面使客单价提升
△变动费用	288万日元（180日元×16 000份）	
	136万日元（170日元×8 000份）	
	152万日元（190日元×8 000份）	仅仅20日元的饭团使变动费用提升
边际利润	512万日元（边际利润率64.0%）	
△固定费用	430万日元	客单价500日元边际利润率62.2% ➡ 提升到64%
人工费	250万日元	
店铺设备费等	180万日元	
销售利润	82万日元（销售营业利润率10.25%）	

图 4-5　销售 8000 份饭团加乌冬面套餐的情况

但是通过对边际利润率为80%（=80日元÷100日元）的饭团的销售进行强化，使得整体的边际利润率提升到64%。最终，销售营业利润率也达到10.25%，超过了预定目标。

像这种提供正餐时，将边际利润率高的商品（单价很低也可以）一起销售，以此来提升边际利润率和销售营业利润率的方法，在致力于提高利润时经常使用。

兼职员工创造附加价值的方法

我们以客单价超过500日元的丸龟制面店为例来进行说明。大家已经了解提升销售营业利润率的市场营销战略了吧。从店门口的制面、煮面、盛面、炸天妇罗、包饭团到收银，每一道工序都有专人负责，这样分工专管的形式，充分发挥了每个员工的作用，也提升了顾客的上座率。

值得一提的是，这种分工协作形成了战斗力。当你看到店员一边包饭团，一边和你说话的样子，就忍不住把手伸向盛有饭团的小盘子。这真是一种巧妙的沟通方式，让人感觉他们接受过专业训练。

提高自助式乌冬面店的边际利润率，也就是附加价值率的，正是那些兼职员工。兼职员工的工资，是伴随工作时间产生的固定费用。这是通过使用固定费用来创造附加价值的典型例子。

在如今认为便宜就好、量足就好、便当足矣的趋势之下，针对顾客真正的需求提出解决方案，这恰恰是和价格竞争区分开来的一种策略。

通过策略与数字的结合来创造利润，这个方法已经很清楚了。如果你能理解到这一层面，可以说充分具备了计数感觉。

为什么 EDLP 能获得利润

在食品超市、服装店、酒水量贩店、建材城等，可以看到把表示每日低价含义的 EDLP（everyday low price，每日优惠）作为经营策略的商家。下面介绍一下为了实现 EDLP 所采取的低价策略中隐藏的秘密。

众多零售业中高低价格策略成为主流

首先，我们来了解一下众多零售业中采用的高低价格策略。商品既有按照定价出售的时候，也有按特价（特卖价格：Low）出售的时候，这就是价格策略。商家决定特卖价格的商品之后，散发写有"五倍积分"等内容的广告传单以招揽顾客。

大家有没有为了购买广告上的招牌商品（低价商品，loss leader）而光顾店铺，最后还购买了其他原价商品的经历呢？商家虽然会因低价出售部分商品而有所损失，但是可以通过顾客购买的其他原价商品来挽回损失。这就是高低价格策略的本质。

但是，高低价格策略中也存在问题。

首先，有顾客（bargain hunter）只购买特价商品，并不能达到商家的预期效果。一旦这种顾客的数量很多，就会导致整个店铺的毛利率下降。

制作广告传单、摆放特价商品、标价、制作POP（卖点广告）等需要花费很多成本（主要是人工费），而特卖没有呈现出效果的时候，还会使店铺的销售利润下降。因此，使用高低价格策略来提高销售营业利润率具有难度。

EDLP策略与高低价格策略的不同

在使用EDLP策略的企业中富有名气的是美国的沃尔玛公司，它也是世界上最大的零售商。在日本，西友公司作为沃尔玛公司的全资子公司，也在推行沃尔玛风格的EDLP。科摩思药品公司（COSMOS）以全面推行"365天，天天有优惠"而成为知名的折扣药妆店。

EDLP战略中有一个"所有商品要经常低价销售"的基本理念。这一点与反复进行每周更新、每日更新、一部分商品特卖(低价销售)以招揽顾客的高低价格策略有着本质上的区别。

EDLP战略原则上是向顾客宣传所有商品都是持续低价销售,因此有必要表现出与使用高低价格策略店铺的不同。

高低价格策略,只不过是作为市场营销4P的价格策略而已。与此相对,EDLP策略属于经营战略。因此有必要制定一个能持续性低价销售的方法,其关键在于成本结构。

成本结构决定价格

图4-6的上方是永旺和伊藤洋华堂这种大型超市的成本结构。在大型超市中,销售总利润率为29.3%,销售费及一般管理费占销售额的27.7%(称为销售费及一般管理费比率或销售管理费比率),所以,销售营业利润率(销售利润率)为1.6%,这个数值偏低。在销售成本中,要算入因废弃和损毁造成的损耗,以及因偷窃造成的损失,所以推测其(损耗率)占销售额的3%。

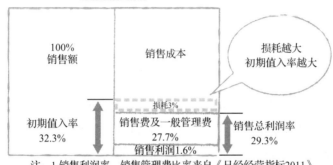

注：1.销售利润率、销售管理费比率来自《日经营指标2011》。
　　2.损耗率是推测值。

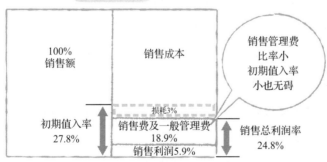

注：1.销售利润率、销售管理费比率为2013年1月的结算数据。
　　2.损耗率为推测值。

图4-6　大型超市和沃尔玛公司的盈亏结构

以这个大型超市的成本结构为前提，在定价时有必要将初期值入率定在32.3%以上。初期值入率是在设定最初的价格（原价）时的毛利润率。因为要考虑损耗率，所以这个数值偏大。

我们将这些关系梳理一下，初期值入率32.3%－损耗率3%＝销售总利润率29.3%。因此，大型超市的初期值入率32.3%＝损耗率3%＋销售总利润率29.3%。

图4-6的下方是沃尔玛公司的成本结构。销售管理费比率较低为18.9%，销售利润率较高为5.9%。即使预测销售总利润率为24.8%、损耗率为3%，初期值入率也低于大型超市，为27.8%。

通过上述内容可以知道，销售管理费比率高的公司，不管是否愿意，都必须把价格设定得要高于销售管理费比率低的公司。日本大部分零售业的销售管理费比率偏高，很多公司为20%～30%，形成了不设定高价格就不能盈利的特点。因此，不得不采取存在众多问题的高低价格战略。

相比之下，采用EDLP战略的零售商，正如沃尔玛公司，通过彻底实行低成本经营，降低了买入成本与销售管理费比率。

向 COSMOS 科摩思药品公司学习实现低价格的低成本经营

那么,怎样才能降低销售费及一般管理费呢?我们来看一个具体的例子。

以九州为根据地在日本占据较大市场份额的 COSMOS 科摩思药品公司,在药妆店领域中,是一家彻底实行 EDLP 战略的公司。看一下数据立刻就会明白。

图 4-7 是依据大型药妆店的销售额中销售总利润(毛利润)、销售费及一般管理费、人工费所占的比例制成的图表(为 2012～2013 年的连续数据,当时通货紧缩压力很大)。

在销售总利润率上,COSMOS 科摩思药品公司的 19.0% 明显偏低,松本清集团以 28.8% 位居第一,其他药妆店都超过了 20%。

在销售管理费比率上,COSMOS 科摩思药品公司的 14.2% 为最低,SUGI 集团为 21.9%,KIRIN 堂公司为 25% 都比较高。

接下来是人工费比率(=人工费÷销售额),COSMOS 科摩思药品公司和 SUNDRUG 公司均为 6.4%,明显偏低。我们可以发现,各家药妆店的人工费比率几乎都接近销售管理费比率的一半,而较低的人工费比率会带动

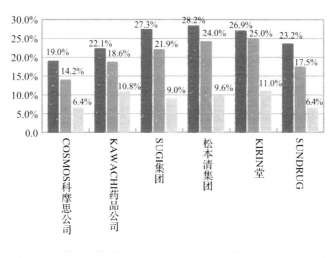

图 4-7 各家药妆店公司的成本结构

注：2012～2013 年连续数据。

销售管理费比率的降低。

1. 在小商圈集中开设大型分店

COSMOS科摩思药品公司,将商圈人口10 000人作为销售群体,集中开设(占优策略式开店)大型分店(卖场面积2000m²或1000m²),采取深挖市场潜力的开店策略。这是一场采取EDLP策略销售食品和日用品,以获得更高市场占有率的战斗。这是"小商圈的大型药妆店"的独特策略。

针对这一策略,店铺和设备的标准化、卖场工作人员的工作效率化、自动订货系统带来的库存管理成本的削减等,纷纷降低了销售管理费比率。而且店铺集中,有效提升了配送效率,也削减了物流成本。

2. 没有积分、特卖、信用卡和电子钱包

以折扣店众多的九州为根据地的COSMOS科摩思药品公司,认为来自顾客的信赖会转化为对店铺的忠诚。因此,废除了特卖活动和积分卡。这是为了彻底通过EDLP进行现金正价销售。对顾客来说,和积分返还相比,现金折扣更有利,这在第3章的K's Denki的例子中阐述过。COSMOS科摩思药品公司的官网上这样写道:"停止诱饵营销,只有坚持每日低价,才能赢得顾客的信任。"

而且，也不接受信用卡和电子支付，这样就不用向信用卡公司支付手续费了。

3. 靠经营食品促进资金流动

食品（加工食品、面包和牛奶等每日配送的商品、调料等）的销售额占比超过50%。但是，由于生鲜三品（鱼、肉、蔬菜）在鲜度管理上需要花费劳力和时间（人工费），所以原则上不经营。

如图4-8所示，COSMOS科摩思药品公司的库存周转天数最短，为31.5天（存货到销售为止的天数）。这也是受到经营食品较多的影响。其应付账款周转天数最长，是60.3天。这意味着从进货开始，其60.3天之后可以付清进货款。由于付款时间延长，手头资金（现金存款）就变得很充裕。其结果可以使营业现金流量（靠正常营业赚取的现金存款）增加，无须借款就可以充作设备资金和库存资金。

采取EDLP策略的公司，由于每天都实行低价格政策，只要这一基本理念得以传播，就不需要花费广告费和促销费来招揽顾客。商品由总公司集中进货，大量订购，以此来降低进货成本。因此，需要具备一定的资金能力和规模。

从左开始为库存、应收账款、应付账款（周转天数）的比较

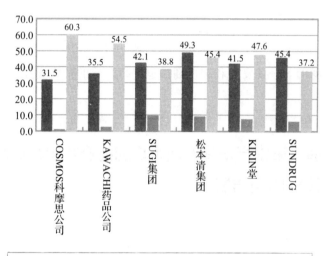

图 4-8　各家药妆店公司的资金周转情况

注：2012～2013 年连续数据。

沃尔玛公司也是如此，在庞大的规模和销量的背景下，依靠进货交涉能力实现了低价进货，根据业务的标准化和系统化降低了人工费，推进了 EDLP 策略的实行。

之所以能够进行这种进货交涉，是因为具有强大的销售能力。大型零售商在开设分店和抢占销售份额上展开竞争，也是为了能够在进货交涉时占据优势。在这种逻辑下，批发商和制造商被迫进行严峻的价格交涉。

靠大量生产来降低成本真的能赚钱吗：量产效果的光与影

低价也有失败的例子，比如液晶电视。

液晶电视从 2003 年前后开始普及，到 2011 年 7 月 24 日模拟信号停播时为止，已经达到了 75% 的普及率。大家应该还记得当时夏普、松下、索尼等企业曾进行过大规模的宣传吧。但是，液晶电视在普及的同时，其价格却在不断下降。原因就在于大量生产的量产效果，使得生产成本下降。并且，同海外制造商之间激烈的价格竞争也导致了市场价格的下降。电脑等信息技术产品也有着相同的经历。

如果真的降价，应该会有很多人购买。但是，结果如何呢？

让我们来思考一下，量产效果使生产成本下降，这与公司的经营是如何产生联系的。

"大量生产带动价格下降"的量产效果

用数字来验证一下为什么"大量生产带动价格下降"。

制造商产生的费用，大致可以分为固定费用和变动费用（见图4-9）。固定费用是指劳务费、折旧费以及租赁费等费用，是与产量无关的支出。变动费用中包括材料费、外协加工费等费用，与产量呈正比例关系。

如果固定费用为200日元，产量为10个，那么每个产品的固定费用为20日元，但是当产量增加到20个时，每个产品的固定费用就降低到10日元。如果产量增加，降低每个产品的固定费用，就能达到降低生产成本的效果。

再来看看材料费。在进货数量为10个和进货数量为20个的情况下，后者更容易进行降低进货成本的交涉。假设采购10个材料，每个材料费是1.5日元，那么采购20个，每个材料费就是1日元。

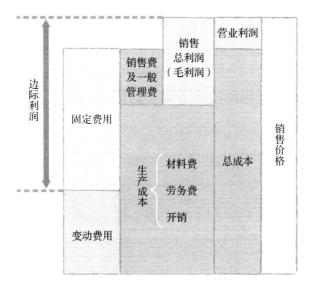

固定费用200
生产10个时平均每个的固定费用为20（200÷10）
生产20个时平均每个的固定费用为10（200÷20）
固定费用200+变动费用（材料费）
生产10个时平均每个的生产成本为21.5（=20+1.5）
生产20个时平均每个的固定费用为11（=10+1）

*产量增加时，生产成本会下降

图 4-9　平均每个产品的成本结构（单位：日元）

那么，计算一下使用固定费用加变动费用（材料费）计算出来的生产成本。

产量为 10 个（材料进货数量 10 个）时，平均每个生产成本为 21.5 日元（= 固定费用 20 日元 + 材料费 1.5 日元）。产量为 20 个（材料进货数量 20 个）时，生产成本为 11 日元（= 固定费用 10 日元 + 材料费 1 日元）。

像这样即使变动费用增加，通过增加产量仍然可以降低生产成本。这就是量产效果（由于销售费用及一般管理费中包括变动费用和固定费用，所以可以考虑为由生产成本、销售费用及一般管理费加在一起构成的总成本下降了，这样更加直观）。

生产外包真的能降低成本吗

为了提升量产效果，必须进行大量生产。

这时需要判断是采取生产外包（外协加工）还是内部生产（自行生产）策略。很多公司采用生产外包，让我们通过数字来了解一下。

从以下关于超薄电视的生产信息，我们来试着计算一下每台的总成本。

A 是内部生产的例子。购置零件等材料、加工成基础零件，并进行组装。

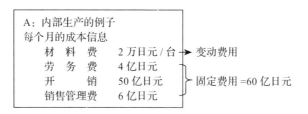

1. 如果每月生产、销售 10 万台

变动费用 2 万日元 + 固定费用 60 亿日元 ÷ 10 万台 = 2 万日元 + 6 万日元 = 8 万日元 / 台。

平均每台的总成本为 8 万日元。

2. 如果每月生产、销售 40 万台

如果每月生产、销售 40 万台时会如何呢？为了便于理解，材料费不变，我们再来计算一下。

变动费用 2 万日元 + 固定费用 60 亿日元 ÷ 40 万台 = 2 万日元 + 1.5 万日元 = 3.5 万日元 / 台。

每台的总成本 8 万日元和 3.5 万日元的差价为 4.5 万日元，这就是固定费用的量产效果。

这与每台固定费用的差价 4.5 万日元（= 6 万日元 − 1.5 万日元）相同。

如果在生产、销售 40 万台的情况下，通过大量进货使材料费降低为原来的一半，即 1 万日元 / 台，那么

每台的总成本就变成2.5万日元（=变动费用1万日元+固定费用1.5万日元）。这样销售价格有可能继续大幅度下降。

B是基础零件进行生产外包，进行内部组装的例子。

```
B：生产外包的例子
每个月的成本信息
    材  料  费    8万日元/台 → 变动费用
    劳  务  费    2亿日元   ┐
    开      销    12亿日元  ├ 固定费用=20亿日元
    销售管理费    6亿日元   ┘
```

1. 如果每月生产、销售10万台

变动费用8万日元+固定费用20亿日元÷10万台=8万日元+2万日元=10万日元/台。

平均每台的总成本为10万日元。

2. 如果每月生产、销售40万台

与A的例子同样，在材料费不变的情况下计算。

变动费用8万日元+固定费用20亿日元÷40万台=8万日元+5000日元=8.5万日元/台。

平均每台的总成本10万日元和8.5万日元的差价

是 1.5 万日元，这是固定费用的量产效果。

这与平均每台的固定费用差额 1.5 万日元（=2 万日元 –5000 日元）相同。

基础零件进行生产外包的话，几乎全部变成变动费用。因此，固定费用的量产效果仅为 1.5 万日元。

即使大量采购基础零件，由于零件的供货商增加，很难像内部生产的材料费那样，使进货单价大幅度下降。

基础零件的进货单价为 8 万日元，如果每台下降 30% 降至 5.6 万日元，那么每台的总成本为 6.1 万日元（= 变动费用 5.6 万日元 + 固定费用 5000 日元）。但是，与内部生产的例子相比，其材料费为 1 万日元 / 台，总成本为共 2.5 万日元，相比之下总成本还是高出 3.6 万日元（=6.1 万日元 –2.5 万日元）。

用总成本来看内部生产和生产外包的量产效果

通过以上内容希望大家理解的是，生产销售量越大，总成本（= 变动费用 + 固定费用）就越低。而且，使用较多固定费用进行内部生产的公司，与使用较多变动费用进行生产外包的公司相比，总成本的下降率更大。

图4-10是依据内部生产和生产外包的不同生产销售规模，计算出总成本后绘制的折线统计图。当台数较少时，生产外包的总成本较低。随着台数的增加，二者的总成本逐步接近。然后，以某一个数量为界，二者发生逆转。在67 000台处，二者的总成本相同。当台数继续增加时，内部生产的公司的总成本会降低。

由此可知，如果能够预测市场规模变大（发展），通过推进内部生产，降低总成本，就能够具备价格竞争力。

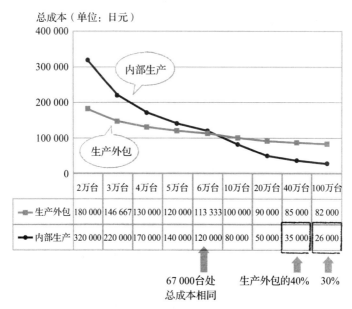

图4-10　内部生产与生产外包的总成本的不同

定 价 即 经 营

为达到量产效果使用内部生产的夏普公司与使用生产外包的索尼公司

超薄电视的市场价格从 2009 年开始到 2011 年大幅度下降。于 2011 年 7 月 24 日实施的地上电视信号数字化使模拟电视信号完全平移至数字信号，加剧了对电视机的需求和销售竞争，甚至发生了价格下降 50% 以上的情况。

夏普公司为降低生产成本，便推进超薄电视的内部生产。在三重县龟山工厂生产的"龟山电视"受到好评，成为热销产品。受 2008 年雷曼事件等影响，世界经济发展不景气，低价竞争不断加剧，在这种背景下，夏普公司对大阪府堺市投资约 3800 亿日元，使生产液晶屏等产品的堺工厂开始运转。但是，在此之后，这却成为导致堺工厂开工率下降、转为赤字（当期纯损失）的原因。

到 2000 年年中为止，液晶显示器作为基础零件，在包含削减生产成本的竞争中成为占据优势的关键。所以除了夏普公司之外，松下公司也推行了内部生产。

与此相对，索尼公司将液晶显示器交由三星公司和夏普公司进行生产外包。之后，索尼公司为了挽回价格竞争力，开始转变方向致力于提高内部生产率，但是由于总成本削减的速度远远不及价格下降，最终导致业绩下滑。我们从会计（计数感觉）的角度来看一下这个过程。

超薄电视的销售价格如果每台下降至 90 000 日元，盈亏平衡点是多少

1. 内部生产的例子中盈亏平衡点的销量是多少

依据内部生产的例子（A）的数据，思考一下盈亏平衡点的销量（见图 4-11）。

计算每台的边际利润。

销售价格 90 000 日元 – 每台的变动费用（材料费）20 000 日元 =70 000 万日元 / 台。每销售一台，就可以赚取 70 000 日元的边际利润。

	内部生产		生产外包
盈亏平衡点的台数	85 715台	<	200 000台
产生利润的台数	314 285台	>	200 000台
销售利润	2 199 995万日元	>	20亿日元

*生产外包的销售利润是内部生产的1/10

图 4-11　内部生产 vs. 生产外包（销量为 400 000 台）

固定费用60亿日元，是与销售无关的固定支出。也就是说要赚取60亿日元的边际利润用来作为支付固定费用60亿日元的资金来源，而边际利润对应的销售台数就是盈亏平衡点（公式为固定费用60亿日元 = 70 000日元/台 × 盈亏平衡点的销售台数）。所以，盈亏平衡点的销售台数 = 固定费用60亿日元 ÷ 70 000日元/台 ≈ 85 715台。

如果能够销售400 000台，会产生多少利润（销售利润）呢？

超过85 715台（盈亏平衡点），每台会盈利70 000日元。因为销售85 715台就能收回固定费用60亿日元，所以超过盈亏平衡点产生的边际利润，就是净利润。

也就是说400 000台 − 盈亏平衡点的销售台数85 715台 = 赚取利润的销售台数314 285台，那么314 285台 × 70 000日元 = 2 199 995万日元。

所以，销售利润也就是2 199 995万日元。

2. 生产外包的例子中盈亏平衡点的销量是多少

接下来，依据生产外包的例子（B）的数据，思考一下盈亏平衡点的销量。

计算每台的边际利润。

销售价格 90 000 日元 – 每台的变动费用（材料费）80 000 日元 =10 000 日元/台。销售 1 台就能赚取 10 000 日元的边际利润。这比内部生产的例子要少。

固定费用 20 亿日元，是与销售无关的固定支出。也就是说要赚取 20 亿日元的边际利润用来作为支付固定费用 20 亿日元的资金来源，而边际利润对应的销售台数为盈亏平衡点（公式可以表示为固定费用 20 亿日元 = 10 000 日元/台 × 盈亏平衡点的销售台数）。所以，盈亏平衡点的销售台数 = 固定费用 20 亿日元 ÷ 10 000 日元/台 =200 000 台。

那么，如果销售 400 000 台，会产生多少利润（销售利润）呢？

超过 200 000 台（盈亏平衡点），每台能够产生 10 000 日元的利润。

也就是说，400 000 台 – 盈亏平衡点的销售台数 200 000 台 = 赚取利润的销售台数 200 000 台，其产生的边际利润 = 赚取利润的销售台数 200 000 台 × 10 000 日元 =20 亿日元，销售利润也可计算出同等金额。仅能产生内部生产例子的 1/10 的利润。

3. 在生产外包的例子中，如果材料费下降 10%，每台的材料费从 8 万日元下降到 7.2 万日元，会发生怎么样的变化

材料费很容易发生变动。如果材料费下降，即使生产外包，也可能很容易产生利润。当材料费下降 10% 时，我们来计算一下看看。

每台的边际利润 =90 000 日元 –72 000 日元 =18 000 日元。

固定费用 20 亿日元 ÷ 18 000 日元，可以计算出盈亏平衡点的销售数量为 111 112 台。在内部生产的例子中，即使材料费不下降，盈亏平衡点的销量依旧为 85 715 台。与此相反，在生产外包的例子中，由于盈亏平衡点为 111 112 台，数量偏大，所以很难产生利润。

在生产外包的例子中，因为每台的边际利润（边际利润率）很小，如果不进行大量销售就无法获利，由此很可能陷入销售额至上主义和薄利多销的困局。

但是，降价竞争一旦导致市场价格下降，诸如夏普公司和松下公司这种重视内部生产的企业，容易使固定费用增加而陷入赤字。如图 4-12 所示，当低于盈亏平衡点时，采取内部生产的公司，因为边际利润率增大（倾向变大），所以赤字额度好像滚雪球一样急剧增加。固定费用占比

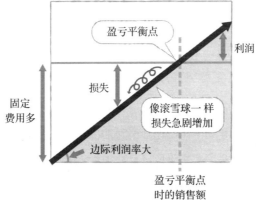

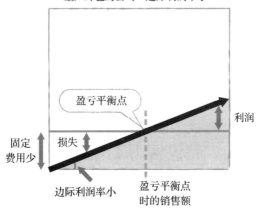

图 4-12 内部生产和生产外包的公司盈亏结构

较大的制造业，其业绩下滑是导致巨额赤字的原因之一。

例如，销售价格降至 90 000 日元/台时，采用生产外包的公司，其边际利润率发生大幅下降，低至 11.1%（= 边际利润 10 000 ÷ 销售价格 90 000 日元），而采用内部生产的公司，边际利润率可以维持在 77.8%（= 边际利润 70 000 日元 ÷ 销售价格 90 000 日元）的较高水平。

但是，由图 4-12 可知，采用内部生产的公司，如果不提高边际利润率（不提升高附加价值），就无法支付数额巨大的固定费用（无法超过盈亏平衡点），便会造成损失。

这意味着固定费用较高的公司，要采取依靠承担风险来获取较大利润的策略。这种情况容易使公司走向成功与失败的极端。

采取什么样的策略，取决于怎样预判未来的经营环境，所以经营管理者的作用至关重要。

高级法式大餐仅售 1/3 的价格为什么还能赚钱

关于在价格竞争的背后赚钱这一主题，我们已经介绍了很多。作为新的商业模式，创造一个即使不参与价格竞争,也能够赚钱的模式才是王道。因此,关键是如何形成竞争优势,提高附加价值。在当今这个顾客需求呈现多样化的时代里,产生了一个具有革新性的商业模式——我的法式料理。下面,我们一边介绍,一边思考一下价格、策略、会计之间的关系。

站着吃法国菜的"我的法式料理"——通过顾客的上座率来赚钱

2012年5月东京的银座开了一家名叫"我的法式料理"的餐厅,它颠覆了人们对传统的法式餐厅的常识。这家餐厅不仅得到上班族的支持,还成为家庭主妇们议论的话题,每天营业之前顾客就排起了长队。这是一家站着吃法国菜的餐厅,将站着喝酒的居酒屋和高级的法式餐厅结合在了一起。

在其运作的公司"我的股份公司"的官网上,董事长坂本孝先生介绍了餐厅的经营模式:"由米其林的星级厨师担任主厨,价格仅为高级餐厅的1/3。即使食品成本率超过60%,但只要顾客的上座率达到300%以上,就能成功实现盈利。"坂本先生作为日本最大的二手书连锁店Book off的创始人颇负盛名。除了这家"我的法式料理"之外,他还经营着"我的意式料理""我的炸鸡"等餐厅，正在使用同样的理念拓展"我的"系列店铺。

"我的"系列的商业模式特征

1. 在热闹的居酒屋中，品尝高级的法国菜

重要的是提供高级的法国菜，并且顾客像身处站着喝酒的居酒屋一样来品尝。这是一个全新的商业模式。顾客对这种差异感到吃惊，口口相传使顾客增加。这是一家可以令人轻松进入的法式餐厅。

2. 菜品一流，不惜投入成本

为了打造竞争优势，有必要聘用一流的厨师。在餐饮业中，一般认为材料费比率（=材料费÷销售价格）要控制在30%以内。为了打破这一固有想法，作为经营者的坂本董事长提出了自己的经营方针，即对材料费"不惜投入成本"。因此，一流的厨师可以全身心投入制作美食。所以，材料费比率达到60%以上。据说材料费比率有时会超过100%。

3. 在店铺的设备上不投入资金

因为提供的料理在价格上是高级餐厅的1/3，所以有必要削减成本。因此，对于店铺本身不太投入资金。

直接接手二手店餐厅实行"拎包经营",尽可能控制对设备进行的必要投资。此外,不花钱进行装修,采用极简设计。但是洗手间除外,一定要装修得精致整洁,否则会令女性顾客感到厌恶。

4. 集中开设分店,通过公司内部竞争来锻炼员工

"我的法式料理"和"我的意式料理"等餐厅,主要集中在银座八丁目。银座是众多行家汇聚之地,在这里可以让菜品得到广泛评价。特别是通过本公司内部的竞争,可以激发每个店铺的斗志,使之努力提供最好的料理和服务。也就是说,培养员工可以使公司更加强大。

坂本董事长的著作中讲到,"如果不勇于尝试在本公司内部开展竞争,那么每个店铺就会逐渐变弱。"他讲述了人的重要性。

可以说这是为了实现"为厨师以及全体员工谋求幸福的公司"这一经营理念所采取的策略。

5. 使顾客的上座率达到每天 300% 来确保利润

一般的法式餐厅的上座率,很难达到 100% 吧。所谓顾客的上座率,是指如果餐厅可以容纳 20 名顾客,那么上座率 200% 就是接待 40 名顾客(=20 名 × 200% ÷ 100%)。将餐厅改造成站立席位,以期实现顾

客的上座率达到300%。

这一想法，和第1章中介绍的改善收益性（ROA=利润÷资产）的两个方法的思路相同。一个方法是像大塚家具那样提高销售额利润率，另一个方式是像NITORI那样提高资金周转率。"我的法式料理"餐厅，是通过提高资金周转率来改善收益性的。

因为"站着吃"才得以成功的"我的法式料理"

材料费比率为60%，意味着边际利润率为40%。在固定费用较高的餐厅，如果不提高边际利润率，则无法盈利。一般餐厅的材料费比率为30%，边际利润率为70%。而"我的法式料理"餐厅的边际利润率为40%，这是一个相当低的比率。如果按照之前介绍的使用盈亏平衡点分析法进行盈亏计算分析，会有什么结果呢？

1. 推测一下销售预测、变动费用和固定费用的数据

图4-13推测出了一个月的数据。

2. 求一个月的固定费用

固定费用（月）为415万日元（＝租金50万日元＋人工费325万日元＋其他固定费用40万日元）。

① 单价3 000日元，可容纳顾客50人

② 食品成本率（变动费用比率）60%

③ 预测固定费用
- 店铺面积约20坪，租金50万日元/月（每坪单价25 000日元：含公共设施费用）
- 人工费　325万日元/月
　兼职员工5人　每人25万日元/月
　正式员工4人　每人30万日元/月
　厨师　　1人　每人80万日元/月
- 其他固定费用　40万日元/月

图4-13　"我的法式料理"餐厅的利润计划数据

3. 求盈亏平衡点的销售额

在盈亏平衡点上，固定费用＝边际利润。边际利润率为40%（＝100%−60%）

所以，固定费用415万日元＝盈亏平衡点的销量额 × 边际利润率40%。所以，盈亏平衡点的销售额＝固定费用415万日元 ÷ 边际利润率40%＝1037.5万日元。

4. 顾客的上座率为100%时的情况

如图4-14所示，上座率为100%时，一个月的销售额为客单价3000日元 × 50人 × 上座率100% × 30天＝450万日元，远不及盈亏平衡点的1037.5万日元。

安全边际额为−587.5万日元（＝450万日元−1037.5万日元）。

定价即经营

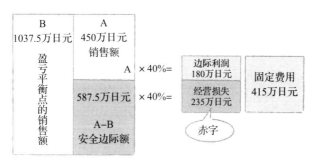

图 4-14　顾客的上座率为 100% 的情况

注：40% 是边际利润率。

安全边际额 = 销售额 – 盈亏平衡点的销售额。这意味着距离达到盈亏平衡点还差 587.5 万日元。发生赤字时，安全边际额为负。

由于无法从这笔销售额（负的安全边际额）中赚取边际利润，所以同等金额变为赤字。

因此，赤字金额为 –235 万日元（= 安全边际额 –587.5 万日元 × 边际利润率 40%）。如果安全边际额为盈利，那么乘以边际利润率的数值就是（销售）利润。

5. 顾客的上座率为 200%、300%、400% 时，一个月的销售额分别是多少

一个月的销售额如下：

上座率为200%时,一个月的销售额为:客单价3000日元×50人×200%×30天=900万日元。

上座率为300%时,一个月的销售额为:客单价3000日元×50人×300%×30天=1350万日元。

上座率为300%时,一个月的销售额为:客单价3000日元×50人×400%×30天=1800万日元。

盈亏平衡点1037.5万日元居于上座率200%~300%之间,由此可知,如果上座率能够达到300%就可以获得利润。

6. 如果能够实现上座率300%,按照下列计算方法,销售利润可以达到125万日元

如图4-15所示,安全边际额为312.5万日元(=1350万日元–1037.5万日元),所以销售利润为125万日元(=安全边际额312.5万日元×边际利润率40%),销售营业利润率为9.3%(=营业利润125万日元÷1350万日元)。

7. 如果实现4次周转,销售利润激增为305万日元

如图4-16所示,安全边际额为762.5万日元(=1800万日元–1037.5万日元),所以销售利润为305

万日元（=安全边际额762.5万日元 × 边际利润率40%），销售营业利润率为16.9%（=销售利润305万日元÷1800万日元），达到了很高的水平。

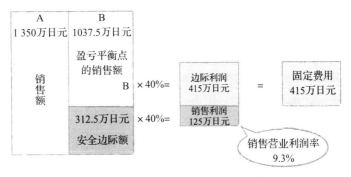

图 4-15　顾客的上座率为 300% 的情况

注：40% 为边际利润率。

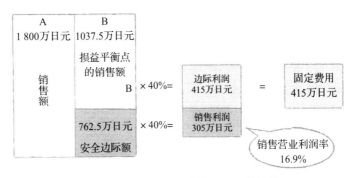

图 4-16　顾客的上座率为 400% 的情况

注：40% 为边际利润率。

正是"站着吃"能够提升上座率，才使之成为可行的商业模式。

提高销售额的方程式

那么，为了进一步提高销售额应该怎么做呢？

销售额是由顾客人数和客单价决定的。顾客人数，是由店铺可容纳人数和上座率决定的。另外，客单价为平均每人支付的总费用。平均每人多点一些单价较高的菜品可以提高客单价。

也就是说，销售额＝可容纳人数 × 顾客的上座率 × 菜品的平均单价 × 点单数量，销售额的多少由这些因素决定。

1. 可容纳人数多少为好

可容纳人数由店铺规模决定。可是，如果店铺规模过大，那么需要的人员就会增加，人工费和租金也随之上涨。在这个例子中我们以 50 人为前提来考虑一下。如果因超过 50 人而变得拥挤，那么服务水平就会下降，评价也会变差，还有可能无法赢得回头客。

2. 如何提高顾客的上座率

如何提高顾客的上座率，是这一商业模式的生命线。因此，采用了"站着吃"的形式。正因为是"站着吃"，才能确保在狭小的空间内容纳 50 人。进一步通过设置时间限制，采取轮换制，可以提高上座率。只是，这与顾客络绎不绝进店就餐的市场营销战略是一表一里两个方面。关键还是提供美味可口、价格低廉的菜品。

在本次计算中，顾客的上座率为 2.31[一]时达到盈亏平衡点。

3. 如何提高菜品的平均单价

为了提高菜品的平均单价（= 顾客支付的金额 ÷ 点单数量），可以考虑在菜单中加入高级红酒进行组合推销。因为价格原本非常低，通过 POP（放置在坐席处的商品介绍）以及员工的推荐应该是能够做到的。

4. 如何增加点单数

点单数量，很大程度上取决于员工的推荐以及他们与顾客的交流。无论在哪家餐厅，员工都会询问："您想喝点什么？"因为饮品的成本率很低（边际利润率很大），所以增加点单数量，可以提高边际利润率。

[一] 盈亏平衡点的销售额 1037.5 万日元 ÷（50 人 × 3000 日元 × 30 天）=2.31。

第5章

知道就是赚到的定价技巧

锻炼计数感觉

定价即经营

"提前付款折扣"为什么能赚钱

提前付款折扣这一促销手段,多见于航空公司、酒店、主题公园等推出的打折服务。有时还可以看到"尽早预约,您所心仪的高级酒店最多让利78%"的宣传广告,有需求的人对此当然感激不尽,但是这么便宜商家还能赚钱吗?

航空公司、酒店、主题公园在财务上的相同点

这些服务行业要支出很多固定费用,包括人工费、折旧费、租赁费、地租房租以及设备费等。

正式员工的人工费和设备费,除非企业进行裁员等经营改革,否则这些费用一旦产生就无法削减。这种固定费用叫作"不可控固定费用。"

与此相比,广告费、通讯费、交通费等,在预算期间内(一年以内),是能够进行增加或减少的固定费用。这种固定费用叫作"可控固定费用。"

在这些服务业中,不可控固定费用占据很大比重,这就加大了经营风险。夏普公司和松下公司等采取内部生产的公司也是如此(参考第4章第3小节)。尤其是

固定费用（特别是不可控固定费用），会伴随时间的推移而产生。而且无论销售额是否上升，都会产生一定的固定费用。

如何收回固定费用是盈利的关键

固定费用型的公司，特别是不可控固定费用支出较多的酒店，没有削减固定费用的余地。因此，作为支付固定费用的资金来源，必须赚取非常多的边际利润。这与图 4-12 所示采用内部生产的制造业的边际利润是相同的结构。

在固定费用支出较多的酒店，尽早确定顾客订房，就能确保超出固定费用的边际利润，这样可以产生确定利润，稳定经营。提前付款折扣是尽早获得顾客的市场营销战略。酒店的变动费用主要是餐厅的材料费，房间内使用的牙刷、剃须刀、香皂等一次性备品费用，变动费用比率大约为 20%。也就是说，边际利润率为 80%。如果 1 晚 1 万日元 / 人为最高限价，那么变动费用为 2000 日元 / 人。

通过提前付款折扣策略，即使由最高限价优惠 70% 为 1 晚 7000 日元，边际利润率 71.4% [≈（7000 日

元 –2000 日元）÷7000 日元］依然保持在较高水平，可以推测提前付款折扣是一个有效的策略。

但是，在固定费用支出较高的行业中优惠 30%、50% 是否真的可行呢，这难免让人产生疑问。那么，我们来看一下，当超过半数的顾客都是以折扣价入住时是否划算（见图 5-1）。

有一家能入住 60 人的商务酒店。假设每月固定费用为 990 万日元，那么每日固定费用为 33 万日元（=990 万日元 ÷30 日）。如果最高限价为 1 晚 1 万日元 / 人，边际利润率为 80%，那么可以赚取 8000 日元的边际利润。如果优惠 30%，即 1 晚 7000 日元，可以赚取 5000 日元（= 住宿费 7000 日元 – 变动费用 2000 日元）的边际利润。

如果可以保证提前付款折扣的顾客达到 36 人（可入住人数的 60%），就能确保可以提前赚取 18 万日元（=5000 日元 ×36 人）的边际利润。

这时，如果再赚取 150 000 日元（每日固定费用 330 000 日元 – 因提前付款折扣确保的边际利润 180 000 日元）的边际利润，就可以达到盈亏平衡点。也就是说，如果能确保 18.75 人（=150 000 日元 ÷8000

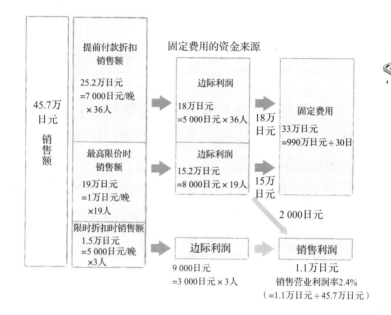

图 5-1　酒店平均每天的盈亏结构

日元),即 19 人以最高限价入住,就可能超过盈亏平衡点。确保 19 人入住时,可以赚取 152 000 日元的边际利润(=8000 日元 ×19 人),其中 150 000 日元用于支付固定费用,剩余的 2000 日元为销售利润。

距可入住人数 60 人还差 5 人(=60 人 –36 人 –19 人)。在此,我们想想办法,再增加一些顾客!可以在官网上发布限时优惠 50%,1 晚仅需 5000 日元(=1 万日元 ×50%)的广告,并且假设已经确保 3 位顾客。那么最终的销售利润是多少呢?

因为已经超过了盈亏平衡点,所以这 3 人份的边际利润可以直接转化为销售利润。这时平均每人的边际利润为 3000 日元(= 住宿费 5000 日元 – 变动费用 2000 日元)。也就是说,可以获得 3000 日元 ×3 人 = 9000 日元的销售利润。

加上由最高限价赚取的 2000 日元,销售利润共计 11 000 日元。销售利润率为 2.4%(= 销售利润 11 000 日元 ÷ 销售额 45.7 万日元)。因为希望销售利润率达到 5%~6%,因此有必要通过最高限价来获得更多的顾客。

像这样将折扣分成几类,在灵活运用的同时提升酒店入住率,赚取高于固定费用的边际利润,以此为目标来实现盈利。反之，如果不采取提前付款折扣策略，就无法确保一定的顾客数量，很有可能造成亏损。

盈亏平衡点的思考方法，对于航空公司、酒店、主题公园这种固定费用型的公司尤其具有参考价值。因为这些公司固定费用很多，将边际利润超越固定费用作为第一阶段目标，实现之后进入第二阶段，思考能够提升多少边际利润（附加价值），这种思考方式对创造利润非常有帮助。

黄金周住宿费上涨的真正理由

为什么在暑假和五一黄金周期间，旅游景点的日式旅馆和酒店的住宿费会上涨呢？大家往往容易认为这是受供求关系的影响，当需求增多时，价格便会上升，但实际上并非如此。在黄金周期间，旅馆和酒店其实是有所损失的。站在这个角度，经过精确的计算之后，才决定住宿费用。我们来思考一下吧。

黄金周期间人气日式旅馆的费用结构

一家富有人气的日式旅馆，有20个房间，平时1

晚2餐的费用是2万日元/人。假设每个房间平均入住2人,那么可以入住40人。在黄金周期间,所有房间都会被约满。

旅馆的老板想在五一黄金周期间涨价,但是不知道涨多少才好,正在为此烦恼。如果他向你请教,你会如何回答呢?

请大家想想看,老板为什么想要涨价呢?明明有人打来预约电话,却不得不拒绝。如果客人全部入住,能赚多少呢?这些问题都应该考虑到。顾客这边会认为"供求问题"使得价格上升,而对旅馆的老板来说,造成了"机会损失"。这样的话,就必须把"损失"的钱用加价的形式赚回来。

如果是这样,可以按下面的思路来决定价格。

1. 推测机会损失有多少,拒绝了几组顾客

首先,调查黄金周期间的潜在需要。我调查了一下在客房约满之后,有几组顾客对该旅馆进行预约咨询。旅馆老板一共拒绝了12组顾客的预约。12组平均每个房间2人,即失去了24人的住宿费。

2. 从失去的销售额中可以得到多少附加价值

失去的24人的住宿费(销售额),一共为480 000

日元（=20 000 日元 × 24 人）。在此必要的信息是平均每人的变动费用。假设料理的材料费等花费 4000 日元。因为变动费用的比率为 20%（=4000 日元 ÷ 20 000 日元/人），所以边际利润率为 80%。

由此，边际利润为 384 000 日元（=480 000 × 80%）。如果能够接受被拒绝的顾客，那么将有助于销售利润的增长。

为了收回这 384 000 日元，如果让实际入住的 40 人来分担的话，那么人均承担的费用就是 9600 日元（=384 000 日元 ÷ 40 人）。

因此，如果黄金周期间的住宿费设定为 20 000 日元 +9600 日元，即 29 600 日元的话，就可以将失去的销售额中的附加价值在现实中兑现。

在此补充一点重要内容。

为什么不是销售额 480 000 日元，而是边际利润 384 000 日元（平均每人 9600 日元）要按比例分配，让实际入住的顾客来承担呢？

从销售额 480 000 日元中产生的料理的材料费等变动费用 96 000 日元（=4000 日元 × 24 人），如果没有顾客入住就不会发生。没有必要让实际入住的顾客负担没有发生的费用（变动费用）。但是，即使没有 480 000

日元的销售额，还是会产生固定费用（也就是说，失去边际利润就失去支付固定费用的资金来源）。只要产生固定费用，失去边际利润就会降低销售利润造成亏损。所以，才把失去的边际利润按比例分配追加到价格上。

就算涨价也要能让顾客理解

但是顾客不会进行这样的计算。想必很多顾客心怀不满，暗自抱怨"趁着黄金周故意涨价"。那么，商家如何解释和应对才好呢？

最好的方法就是提供超出价格的优质服务。因为从每位顾客身上平均多获得了9600日元的利润（附加价值），所以提供和平时不一样的服务如何呢？

9600日元中使用2000日元左右（约9600日元的20%），来为顾客增加一些使用特别食材的料理和酒如何呢？用2000日元的食材制作的料理，对顾客来说，具有售价1万日元的价值吧。如果材料费比率（变动费用率）是20%，反过来计算为1万日元（=2000日元÷20%）。在第2章中列举的高级酒店的咖啡价格与成本之间差价较大的例子中也进行了说明。

根据这样的措施，如果能让那些认为酒店在黄金周期间故意涨价的顾客感觉到物超所值，就有可能让这些顾客再次光顾。

对员工的利润返还政策也很必要

剩余的 7600 日元（= 人均边际利润 9600 日元 – 2000 日元），24 人份为 182 400 日元，这部分将成为销售利润（如果超过盈亏平衡点）。为对黄金周期间努力工作的员工表示感谢，酒店从 182 400 日元的利润中拿出一部分作为临时奖金，将利润返还给员工也是很好的举措。之前已经反复说过多次，固定费用是附加价值产生的源泉。员工的积极性高涨，也将成为今后创造附加价值的源泉。

高价的真面目：机会损失

如果价格不能转嫁，从失去的销售额 480 000 日元中可能得到的边际利润（附加价值）384 000 日元将无法获得，销售利润也会减少。这 384 000 日元，在管理会计中叫作机会损失（chance loss）。因为不是实际的损失，所以会计部门不会将其纳入计算，但是在做设定价格等决策时发挥作用。

我想大家已经明白了，如果能够回避机会损失，就可以获得现实的利润。因此，这一点在经营时不可忽视。

机会损失在很多情况下都会发生，例如缺货（没有库存）、待客能力不足、超过生产能力的订单增加等。这些本来都应该成为现实的销售额，但实际上销售额减少，最终导致应该获得的边际利润减少。这个边际利润的减少就是机会损失。因此，黄金周期间住宿费价格上涨，可以说就是为了弥补机会损失而采取的苦肉计。

你的工资真的和付出的劳动相符吗

关于价格、策略和会计已经阐述了很多。工资是一种价格，表示的是你的价值。提高基本工资和定期涨工资等提升工资的方法，是为了让员工有稳定的生活规划以及激励员工长期做出贡献。但是，这种方法并不能反映出每个人的成果。如果你对自己的工资不满，是否会认为自己的劳动没有得到认可。如果是这样的话，我向你介绍一个判断工资是否合适的方法。

支付工资的资金来源是利润还是销售额

支付工资的资金来源是利润还是销售额？如果对这

个问题没有一个明确的看法，那么即使对工资感到不满，也无法对上司和企业提出适当的要求。

如果你的回答是销售额，那你会为了达到销售目标而忙忙碌碌地拼命工作吧？就算销售额提高了，却未必赚取到支付工资的资金。稍后来说一下这是怎么回事。

也有人回答利润吧。那你是不是认为结果代表全部？请认真思考一下。销售额 – 固定费用 = 利润。固定费用中包含工资。而利润，是支付完工资后盈余的部分，归公司所有，是属于股东的。利润一般不会成为支付工资的资金来源。如果利润成为支付工资的资金来源，那就不得不要求公司"从用于给股东的分红等利润中，拿出一些给员工"。

这被称为"成果主义"，临时奖金和成果奖励都属于这一范畴。

在重视利润的经营中，有时公司会通过过度削减成本和裁员等措施，千方百计地增加利润。但是，削减成本，尤其是固定费用的削减，最终会导致不利于长期获利的结果。特别是在通货紧缩趋势较强时，虽然削减成本也很重要，但是需要用战略性的构想来推进业务。这一事例，已在第4章中叙述。

正确答案是，支付工资的资金来源是附加价值。也就是之前所说的边际利润。考虑到附加价值的人，应该是能够理解工资低、认为不公平而抱有不满这些现象的本质的人。

请再回想一下变动盈亏分析报告的结构（见图 5-2）。公司花费很多劳力和时间（固定费用）创造了附加价值，即边际利润。第 2 章中已经说明了为什么在新大谷饭店的花园休息室中喝的咖啡价格较高（边际利润率大），其原因是在员工的工资、庭院的景色、桌子等设备上投入了较多资金。此外，从附加价值中还要支付人工费（工资、奖金）、地租房租、折旧费、支付利息、税金、税后利润等费用。

如果你的年收入是 500 万日元，应该赚取多少呢

决定如何分配附加价值（边际利润），是经营者的工作。虽然根据公司不同，其方案也有所不同，但是如果将附加价值分配为人工费、其他固定费用、利润，其分配比例能达到 4∶4∶2，就可以说是一家优秀的公司。附加价值中分配给人工费的比例叫作劳动分配率（＝人工费 ÷ 附加价值）。

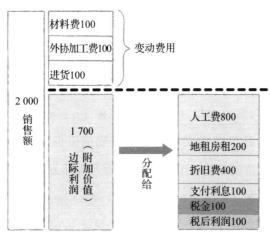

图 5-2 附加价值成为支付工资等固定费用的资金来源(单位:日元)

一般盈利的公司中，劳动分配率大约为 50%。如果劳动分配率远超过 50%，与其说将更多的附加价值分配给人工费，不如说是尽管附加价值不多，却支付了很多人工费。是否能够看出公司为了支付人工费伤透了脑筋呢？当劳动分配率超过 50% 之后，数值越大公司出现赤字（亏损）的可能性越高。

下面，用你的年收入来考虑一下。

如果你的年收入为 500 万日元，请计算一下它的 1.3 倍。因为公司承担一半的健康保险金、养老金等社会保险金，所以公司支出的人工费要高于你认为的年收入。公司支付的人工费多出 150 万日元（劳务付费），为 650 万日元（= 年收入 500 万日元 × 1.3）。如果将劳动分配率的目标定为 50%，公司就要赚取 650 万日元的 2 倍，即 1300 万日元的附加价值（边际利润）。

另外，如果你所在的公司目标边际利润率是 25%，那么你必须达到的销售额就是 5200 万日元（=1300 万日元 ÷25）（见图 5-3）。如果你从事销售工作，那么对这个计算中的数字应该有切实的感受。如果销售额无法提升到年收入 500 万日元的 10.4 倍，就无法赚取附加价值（边际利润）用来作为支付工资的资金来源。如果部门中有 10 名年收入 500 万日元的销售人员，那么年

图 5-3　年收入 500 万日元的你所赚取的销售额

销售额必须要达到 5.2 亿日元。这样应该能判断出预算过高或过低了吧。

如果在间接部门有 2 名年收入 400 万日元的员工，合计年收入就是 800 万日元。将这 800 万日元分配给 10 名销售人员，那么每人平均要额外赚取 80 万日元。也就是说，如果你作为年收入 500 万日元的销售人员，销售预算应该是 6032 万日元［=（500 万日元 +80 万日元）×1.3÷50%÷25%］（见图 5-4）。

当边际目标收益率不明确时，使用不同行业的平均值来考虑，也具有参考价值。粗略统计各行业的比例为零售业 25%、批发业 10%～15%、制造业 40%、劳动密集型服务业 60%～80%。

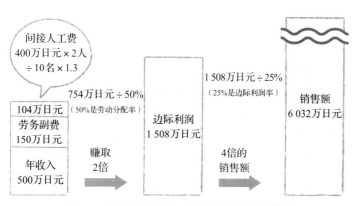

图 5-4　间接部门的员工的部分也均摊的情况

股价是如何决定的

最后,来说一下代表公司价格的股价是如何决定的。NISA(小额投资非课税制度)施行以来,对股票投资感兴趣的人逐渐增加。而另一方面,也能听到很多人说"股票投资的下跌风险太大,让人犹豫不敢买"。但是,作为股票投资的基础,要了解一下股价是如何决定的。

决定股价的原则

因为资产负债表尤为重要,所以我们先来确认一下它的结构。用股东出资的金额60（资本金：发行10股）和借款金额40（负债）合计100开始进行交易。使用金额100，购买了设备和库存等资产100（见图5-5左侧的资产负债表）。

之后交易进展顺利，持续盈利（净利润），3年共计产生净利润50。在资产负债表中记为未分配利润50。当资产增加到190时，因为开展事业需要借款，所以负债增加到80（见图5-5右侧的资产负债表）。资产负债表（balance sheet），如图所示左右保持平衡。

股价，由每股净资产（book-value per share，BPS）计算得出，是用公司净资产除以股数得到的数值。

我们来看一下该公司3年后的股价。

如图5-5所示，资产负债表发生了变化，开始时的股价为6（=净资产60÷10股），3年后的股价为11（=净资产110÷10股）。股价中只有每股的未分配利润5（=未分配利润50÷10股）上升。

股价11表示每股净资产的价值（价格），股价总额（股票时价总额）相当于净资产110。在变动盈亏分析报告中出现净利润，资产负债表的未分配利润增加50，净资产（=资产–负债）增加50时，只有这个增量50能提高股票时价总额。

定价 即 经营

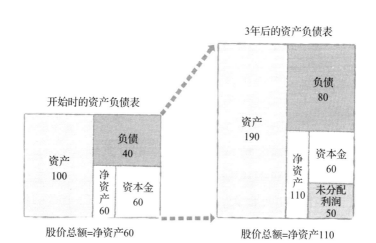

图 5-5 股价的原点在于资产负债表

正如例子所示，决定股价的是资产负债表中的净资产和变动盈亏分析报告中的净利润。

从市净率中发现绩优股

如上文所述，原则上股价和每股净资产应该一致，但现实中并非如此。股价是在预测未来发展趋势的同时进行交易的。如果预测 BPS 今后会上升，那么预测 BPS 能升高的股票就会被买入。

为了验证这个关系，用市净率（price book-value radio，PBR）这一指标（见图 5-6）。它用来表示股价是每股净资产的几倍。

$$\frac{股价}{BPS} = 市净率（PBR）$$

图 5-6　市净率

PBR受当时投资者对市场行情看涨和看空的影响。1.5倍是一个平均性的数字。如果是1.5倍,很多投资者就会预测目前的净资产(从资产负债表中计算)在1年或几年后上升至1.5倍左右(见图5-7)。

相反,不足1倍的公司,就意味着很多投资者会认为将来的净资产会小于目前决算报告上表示的净资产。

例如,大型石油供应商科斯莫石油公司,由于原油等库存的价值大幅下跌,据报道,2015年3月转为赤字(净损失)。因为未分配利润和净资产减少,所以PBR仅为0.7倍。但是,如果能看到将来原油价格有上升趋势的话,PBR有可能接近1倍。目前BPS为257日元,股价为180日元(=BPS 257日元×0.7),但是当PBR重返1倍时,可以预测股价能够恢复至257日元。坚信这一点的人,如果在未满257日元时买进,就有可能赚到。

很多PBR为1倍以下的公司的资产中存在账面亏损。例如科斯莫石油公司,既有油价下跌导致库存中存在账面亏损的情况,也有工厂、店铺等固定资产的开工率下降,造成难以赚取利润的情况。这就反映出可能将固定资产的价格下调至适当的时价(列入减值损失)。

第 5 章 知道就是赚到的定价技巧

- 市净率　　　　　　　　　从净资产评价股价

表示股价是BPS的多少倍的指标
通常是1～2倍

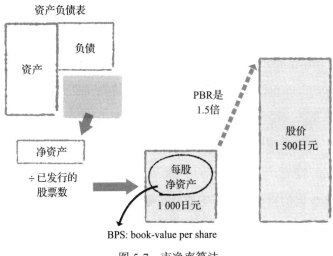

BPS: book-value per share

图 5-7　市净率算法

请大家一定研究一下那些业绩很好,但是PBR却不足1倍的公司。有的是被投资家忽略了,还有的是市场行情转向了其他公司或行业。这些有可能会意外地成为宝藏交易品种。

但是,当业绩很好,股价也连续上升时,参考下面介绍的PER比较有效。

短期的股价动向,用市盈率衡量

股价变动的另一个重要原因是净利润(当期净利润的略语)的增减。净利润除以已发行的股数得到每股盈利(earnings per share,EPS),了解每股盈利和股价的关系非常重要。经常使用市盈率(price earning radio,EPR)这一指标来观察股价是每股盈利的几倍(见图5-8)。PBR是以净资产为基准,而PER则是表示股价为每股盈利多少倍的指标,所以它直接关系到眼下利润的增减。

PER的平均水平大约是15倍。2008年,在美国的投资银行雷曼兄弟破产引发的金融危机和2011年日本大地震过后,低于10倍以下的公司层出不穷。但是1999~2000年的互联网经济泡沫时期,日经平均指数出现了PER平均超过70倍的反常情况。受2013年开始的"安倍经济学"的影响,日经平均指数的PER为17倍左右。

$$\frac{股价}{EPS} = 市盈率(PER)$$

图 5-8　股价收益率

PER15 倍的含义

我们再详细说明一下。

PER 是表示股价为 EPS 多少倍的指标。PER15 倍表示一年所赚取的利润（这是 EPS），可以持续 15 年。这与投资者观察的内容是一致的。另外，以每股 1500 日元买进的人，他的想法是每年产生 100 日元的利润（EPS），可以用 15 年收回投资额（=1500 日元 ÷ 100 日元）。

如果 PER 是 10 倍，那意味着 10 年可以收回投资。这是因为和利润（EPS）相比，股价非常低。如果 PER 是 20 倍，那收回投资就需要 20 年的时间。这个时间越长，无法收回投资的可能性（风险）就越高。

股票投资承担风险，虽然会赚取很大利润，但是损失也会很大。PER 过高的公司，一旦股价下跌就可能造成巨额损失。日经平均指数是东京证券交易所市场一部的 225 家主要公司的平均股价指数,是日本股票市场最具代表性的股价指数。我建议大家用日经平均指数观察 PER 为几倍,可以通过报纸等媒体来确认。以此为基准,和你感兴趣的公司的 PER 进行比较,思考"为什么大""为什么小",这样一来对股价的动向会有很多新的发现。

表现股东反应的 PER

下面具体说明一下 PER。

EPS(每股盈利)为 100 日元的 A 公司股价为 1500 日元。PER 为 15 倍(=1500 日元÷100 日元),是平均股价标准(见图 5-9)。这家公司因为研发出创新型产品,将来利润增长的可能性很大,因此股价上涨到 2250 日元。EPS 以 100 日元来计算,PER 为 22.5 倍(2250 日元÷100 日元)。

看到这一情况的 A 公司的股东,判断股价比较高,于是卖掉了手中持有的股票。

一年后,A 公司的财务报告表明利润依旧持续增加,EPS 提高到 150 日元。当时的股价为 2000 日元。PER 为 13.3 倍(≈2000 日元÷150 日元)。虽然 EPS 有所上升,但是 PER 却较一年前下降。股价虽然如愿上

	EPS	股价	PER
半年前	100	1 500日元	15倍
发布新产品	100	2 250日元	22.5倍
1年后	150	2 000日元	13.3倍

行情涨落因素消失

・市盈率 ➡ 从利润评价股价

➡ 表示股价是EPS多少倍的指标
通常为15～20倍

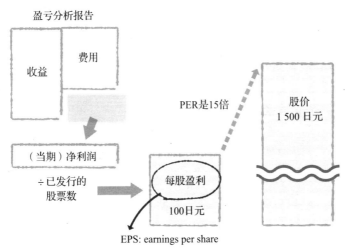

图 5-9　股价收益率算法

涨，但是现实中行情涨落的因素全部消失的话，就会导致无人买入造成股价下跌。

这一年中获利最大的人，应该是出现股价涨落因素时卖掉股票的人（他在股票涨落因素出现之前购入股票）。股价要从2000日元继续上涨，必须出现全新的看涨因素（成为增加利润的因素）。而在看涨因素出现之前，股价不会发生大幅波动。

上市公司的经营者理所应当要关注股价。因为如果股价没有上涨，他们会在股东大会上被追究经营责任。因此，要经常寻找增加利润的因素（新产品的开发、新市场的开拓等）。如果你是上市公司的员工，不管是否愿意都会被卷入到这个逻辑当中。

投资收益率是什么

看股票和投资信托手册时，会出现投资收益率这个词语。

可以依据投资收益率判断什么是有益的，除此之外，如果是股票，还会有股东优待、抛售损益等，让人感到不知如何选择才好。

投资收益率也可以说是投资的收益性。第1章中讲述了公司收益性，在投资中重要的是能否产生与投资相符的利润。

通过股票投资产生的利润主要有三种,即抛售收益、分红和股东优待。

举个例子吧(税金、销售手续费等诸多经费,简略说明)。

1.获得分红时的收益率

收益率的计算方法是收益额 ÷ 当初购入金额。

假设买进200只股价为1000日元的股票,支付了200 000日元。之后,每只股票获得15日元的分红。200只股票就可以获得3000日元(15日元 ×200只)。

分红收益率为1.5%(=3000日元 ÷ 200 000日元)。仅此收益,就高于存款的利息,所以是有投资价值的。

2.获得股东优待时的收益率

此外,还得到了股东优待的大米(相当于2500日元)。据此,股票投资的收益率为2.75%〔=(3000日元+2500日元)÷ 200 000日元〕。

3.抛售股票时的收益率

一年后,因股价上涨到1150日元而抛售。抛售收益为30 000日元〔=(1150日元 −1000日元)×200只〕。

在此，我们计算一下股票投资的收益率。

利润为分红3000日元、股东优待2500日元、抛售收益30 000日元，合计35 500日元。股票投资额为200 000日元，所以收益率为17.5%（=35 500日元÷200 000日元），获得了较高的收益率。

股票投资，如果成功就可以获得上述的高收益。但是，千万不能忘记还存在股价下跌风险、公司的经营破产风险等，切记谨慎投资。

股价下跌时的评价方法

如果一年后，股价下跌至900日元，如何是好呢？只要不是急于用钱，最好不要卖掉。在这种状况下，网络证券等账户信息中评估亏损显示：−20 000日元 [=（现在的股价900日元 − 买进时的股价1000日元）× 200只]。虽然评估亏损并不是现实中真正的损失，但是如果以900日元卖出，就会出现20 000日元的抛售损失。评估亏算也叫作账面亏损。

那么，如果需要资金，实际以900日元卖出的话，收益率会如何呢？

分红3000日元、股东优待2500日元、抛售损失−20 000日元 [=（900日元 −1000日元）× 200只]，总计

为 –14 500 日元（=3000 日元 +2500 日元 –20 000 日元），股票投资的收益率为 –7.25%（= –14 500 日元 ÷ 200 000 日元），呈现亏损。

这时需要选择是作为账面亏损维持下去，还是以 14 500 日元截断亏损。

维持下去会如何

假设不抛售，在获得分红和股东优待的同时，继续持股 3 年。

每年会得到分红 3000 日元和股东优待 2500 日元，合计利润为 5500 日元，如果持续 2 年，会得到 11 000 日元的利润（=5500 日元 ×2 年），持续 3 年，会得到 16 500 日元的利润（=5500 日元 ×3 年）。股票投资的收益率，1 年为 2.75%（=5500 日元 ÷ 200 000 日元），2 年为 5.5%（=11 000 日元 ÷ 200 000 日元），3 年为 8.25%（=16 500 日元 ÷ 200 000 日元）。

然后，假设 3 年之后，因需要资金不得不卖掉股票，但是股价却跌至 850 日元，股票投资的总收益率为多少呢？

抛售损失 –30 000 日元 [=（850 日元 –1000 日元）× 200 只]，与 3 年的利润 16 500 日元合计，损失为

–13 500 日元。股票投资的总收益率为 –6.76%（= –13 500 日元 ÷ 200 000 日元），呈现亏损。

股票投资的收益率，如果仅仅是分红、股东优待，就有机会实现高收益，但是最终股价的涨落，会对整体的收益率产生巨大的影响。

股票受经济动向、个别公司的业绩所左右。要记住使用富余的资金，进行长期投资。

通过以上内容，希望大家能对将经营战略、市场营销战略以及会计学这三者相互关联起来进行思考的计数感觉有所了解，对其必要性能有所感悟。

作者简介

千贺秀信

计数感觉培养顾问，经营管理能力开发研究所代表。

生于东京，毕业于早稻田大学商学部。中小企业诊断士。

在注册会计师、注册税务师专门的信息处理服务业、TKC股份公司（东证1部）从事财务会计、经营管理等系统开发、销售、宣传、教育等工作。

1997年成立经营管理能力开发研究所，为了提高将经营和公司的数字相关联来进行思考的能力（计数感觉），设计了相关的学习方案。提供重视"简单、具体"的学习内容。在上市企业和官方机构举办研修活动。在日本效率协会等举办讲座。

著作有《一本书即可了解管理会计的基础》《人气研讨会讲师的会计实践讲座》《明确掌握公司数字的秘诀》《（新版）明确掌握经营分析的基本》《明确掌握计数感觉》《从公司数字了解计数感觉习题》《（风投创业）实战教科书》。

2021年最新版
"日本经营之圣"稻盛和夫经营学系列

马云、张瑞敏、孙正义、俞敏洪、陈春花、杨国安　联袂推荐

序号	书号	书名	作者
1	9787111635574	干法	【日】稻盛和夫
2	9787111590095	干法（口袋版）	【日】稻盛和夫
3	9787111599531	干法（图解版）	【日】稻盛和夫
4	9787111498247	干法（精装）	【日】稻盛和夫
5	9787111470250	领导者的资质	【日】稻盛和夫
6	9787111634386	领导者的资质（口袋版）	【日】稻盛和夫
7	9787111502197	阿米巴经营（实战篇）	【日】森田直行
8	9787111489146	调动员工积极性的七个关键	【日】稻盛和夫
9	9787111546382	敬天爱人：从零开始的挑战	【日】稻盛和夫
10	9787111542964	匠人匠心：愚直的坚持	【日】稻盛和夫 山中伸弥
11	9787111572121	稻盛和夫谈经营：创造高收益与商业拓展	【日】稻盛和夫
12	9787111572138	稻盛和夫谈经营：人才培养与企业传承	【日】稻盛和夫
13	9787111590934	稻盛和夫经营学	【日】稻盛和夫
14	9787111631576	稻盛和夫经营学（口袋版）	【日】稻盛和夫
15	9787111596363	稻盛和夫哲学精要	【日】稻盛和夫
16	9787111593034	稻盛哲学为什么激励人：擅用脑科学，带出好团队	【日】岩崎一郎
17	9787111510215	拯救人类的哲学	【日】稻盛和夫 梅原猛
18	9787111642619	六项精进实践	【日】村田忠嗣
19	9787111616856	经营十二条实践	【日】村田忠嗣
20	9787111679622	会计七原则实践	【日】村田忠嗣
21	9787111666547	信任员工：用爱经营，构筑信赖的伙伴关系	【日】宫田博文
22	9787111639992	与万物共生：低碳社会的发展观	【日】稻盛和夫
23	9787111660767	与自然和谐：低碳社会的环境观	【日】稻盛和夫